이커머스 바이블 :
최저가가 가장 강력한 무기인가

이커머스 바이블 : 최저가가 가장 강력한 무기인가

초판 1쇄 발행 2019년 5월 30일
초판 2쇄 발행 2019년 6월 25일

지은이 배은지

발행인 백유미 조영석
발행처 (주)라온아시아
주소 서울특별시 서초구 효령로 34길 4, 프린스효령빌딩 5F

등록 2016년 7월 5일 제 2016-000141호
전화 070-7600-8230 **팩스** 070-4754-2473

값 15,000**원**
ISBN 979-11-89089-89-4 (13320)

※ 라온북은 (주)라온아시아의 퍼스널 브랜드입니다.

이커머스 바이블

최저가가 가장 강력한 무기인가

배은지 지음

HOT DEAL

온라인 시장에서 이기는 이커머스 전략

RAON BOOK

• 프롤로그 •

성공적인 이커머스 운영을 꿈꾸는 당신에게

18세기 산업혁명 이후 급속한 산업화가 진행되면서 산업 구조뿐만 아니라 개인의 직업 선택에도 큰 변화가 있었다. 지금은 전 세계가 4차 산업혁명의 터널에 들어서고 있다. 인간의 평균 수명은 점점 길어지고 있지만 그 수명의 절반을 채우지도 못한 시점부터 회사의 은퇴 압박이 생계를 강하게 조여온다. 한창 일할 수 있는 나이에 맨몸으로 일터에서 내몰린 중년들은 끝이 벼랑인 줄 알면서도 전진할 수밖에 없어, 결국 준비 없는 창업과 실패를 반복한다. 이러한 위기 속에서 당신은 어떤 준비를 하고 있는가? 젊음은 유한하고 월급은 정해진 기간 동안만 받을 수 있다. 주 52시간 근무제의 시행으로 직장 밖에서 보내는 시간이 길어진 요즘, 당신은 그저 그 여가 시간을 마냥 즐기고 있지는 않은가?

나는 지난 20년간 웹에이전시 콘텐츠 사업부 실장을 거쳐 CJ오쇼핑에서 온라인 쇼핑 플랫폼 기획과 운영, MD로서 상품 소싱과 판매, 글로벌 온라인 유통 사업까지 담당했고, 이후 홈앤쇼핑으로 자리를 옮겨 모바일 플랫폼 기획과 개인화 큐레이션 알고리즘 개발, 모바일 매장 운영, 그리고 해외 사업까지 두루 거쳐 업계에서는 드물게 다양한 경력을 가지고 있다. 그러면서 '내가 알고 있는 지식과 경험을 공유할 수 있다면 온라인 쇼핑 판매자들에게 얼마나 큰 도움이 될까' 하는 생각이 들었다.

과거 이커머스를 다룬 책이 없었던 것은 아니다. 이커머스, 즉 온라인 쇼핑이 처음 등장했을 때는 장밋빛 전망을 다룬 책들이 쏟아졌다. 그러나 실제 운영 지식과 경험보다 최신의 기술 동향에만 집중된 책들은 금세 실용성이 떨어져 독자들로부터 빠르게 외면받았다.

한국의 이커머스 사업이 시작된 지 20년이 지난 지금이야말로 진짜 온라인 유통을 공부하고 사업을 시작해야 할 때다. 요즘처럼 평생직장이 없는 직업 노마드 시대에 새로운 사업 기회를 찾을 수 있는, 국경도 시간도 초월하는 비즈니스 황금의 땅이기 때문이다. 이커머스 업계는 최근 4차 산업혁명의 기술이 종합적으로 응용되는 대표적인 첨단 산업으로 변화하고 있다. 이러한 변화 속에서 새로운 기회가 생겨난다.

이 책은 온라인 쇼핑 사업을 준비하는 비즈니스맨이라면 반드시 알아야 할 지식과 경험, 활용팁 등을 담고 있다. IT 분야에는 전혀 지식이 없는 사람도 관심과 실행력만 있다면 두려움 없이 온라인 쇼핑 비즈니스에 도전할 수 있도록 이해하기 쉽게 구성했다.

당신의 후회 없는 도전을 위해, 또 당신의 외롭고 어려운 사업의 길에서 직면하는 시행착오를 줄이기 위해 20년간 IT·이커머스 분야에서 몸으로 직접 부딪히며 벼리고 쌓아온 나의 실전 전략들을 녹였으며, 쇼핑몰을 직접 운영하며 느꼈던 노하우와 직접 만났던 온라인 쇼핑 판매자들이 놓치고 있었던 부분까지 꼼꼼히 짚었다. 그리고 온라인 쇼핑의 탄생부터 미래 전망까지 통시적으로 다루고 있어 온라인 쇼핑 분야에서 일하기를 꿈꾸는 예비 직장인에게도 많은 도움이 되리라 믿는다. 온라인 쇼핑 사업을 시작하려는 사람은 물론이고 생존을 위해 분투하고 있는 기존 온라인 쇼핑 판매자의 고민도 덜어줄 것이다.

이 책이 온라인 쇼핑 사업을 준비하거나 업무를 할 때 손이 잘 닿는 곳에 두고 자주자주 펼쳐보는 책이 되면 좋겠다. 실제 책 내용을 실무에 적용해보았을 때 성과가 보이는 기특한 책이라서 한 번 읽고, 또 펼쳐보는 책이 되기를 바란다. 또 누군가에게 이커머스 전문가로서의 꿈을 그려나가는 가슴 뛰는 선물이 되었으면 한다.

이 책은 실용서이면서도 본질적이고 기초적인 내용을 다루고 있으며, 변화하는 기술에 의존하기보다는 근원적인 기본기를 어떻게 닦고 적용할 것인가에 집중했다. 빠르게 변화하는 온라인 쇼핑 업계에서도 시간이 지나도 변치 않는 고전으로 기록되기를 바란다.

이 책은 여섯 개의 장으로 구성되어 있다.

첫 번째 장에서는 빠르게 변화하고 있는 시대에 왜 온라인 쇼핑 사업을 해야 하는지 그 이유를 살피고, 글로벌 온라인 쇼핑 시장의 탄생 스토리와 20년의 짧은 역사를 가진 국내 온라인 쇼핑 시장이 어떤 과정을 거쳐 발전해왔는지 역사를 기술했다. 모든 역사 속에는 현재와 미래의 모습을 전망할 수 있는 실마리가 들어 있다.

두 번째 장에서는 20년간 실전 경험을 축적해온 이커머스 전문가로서의 경험을 담았다. 실제로 온라인 유통업계에서 일하면서 학습하고 경험한 내용을 생생하게 전달하려고 노력했다.

세 번째 장에서는 온라인 쇼핑 사업을 시작하려는 사업자들이 알아야 할 기본 개념을 설명했다. 상품, 판매처, 상품 기술서 제작의 노하우, 돈 많이 쓰지 않는 마케팅 방법 등 판매를 위한 기본지식을 다루었다. 또한 사후 관리, 목표 관리, 사업 확장에 이르기까지 온라인 쇼핑 사업자로서 갖춰야 할 마인드를 비롯하여 자칫 놓치기 쉬운 경영 지식까지 기술했다.

네 번째 장에서는 쇼핑몰 내부 운영자의 시각에서 온라인 쇼핑 판매자들이 매출을 올릴 수 있는 실용적인 방법을 다루었다. 온라인 쇼핑 판매자들이 활용할 만한 팁을 다룬 책들은 많지만 실제 쇼핑몰에서 근무하면서 판매자들에게 전해줄 수 있는 생생한 활용팁을 다룬 책은 없다. 쇼핑몰에서 근무하면서 많은 판매자들을 만나 그들이 어떻게 사업을 하는지 보아왔다. 이러한 경험을 바탕으로 판매자로서 쇼핑몰 내부의 기본적인 정책이나 쇼핑몰의 구조적인 부분을 이해하고 이에 집중할 때 만들어낼 수 있는 매출에 대해 다루었다.

다섯 번째 장에서는 해외 이커머스에 대한 개념과 시장 현황, 쇼핑몰 종류와 입점 관련 내용, 이후 상품 판매부터 정산에 이르기까지 전체적인 내용을 다루었다.

마지막으로 여섯 번째 장에서는 차세대 이커머스 시장에서 살아남기 위해 알아야 할 기술의 변화와 소비 트렌드를 정리했다. 기술 부분에서는 주로 해외의 선진사례를 다루었다. 그리고 소비 트렌드에서는 최근 변화하고 있는 한국의 사회적 환경에 따른 3가지 소비 트렌드를 소개했다.

새로운 도전에 대한 간절함이 있는 당신에게, 변화하고 있는 세상과 함께하고 싶은 당신에게, 이 책 한 권이 당신의 인생과 미래를 살리는 책이 되기를, 더불어 24시간 전 세계를 향해 열려 있는 이커머스 사업동료로 함께하기를 간절히 바라는 마음이다.

| 목차 |

3장 이커머스 시장에 어떻게 진입할 것인가

4장 방문고객을 구매고객으로 만드는 마케팅 기법을 익혀라

5장 5000만 vs. 76억, 글로벌 셀러에 도전하라

6장 차세대 이커머스 소비 트렌드를 분석하라

1장

이커머스로
국경도 시간도
초월하는 황금의
땅에 도전하라

1

산업지도의 흐름을 바꾼 유통혁명

닷컴 버블이 붕괴되다

1995년 7월 5일은 세계 최대의 쇼핑몰 아마존의 오픈일이다. 같은 해 9월에 최초의 오픈마켓 이베이도 문을 열었다. 검은색 개가 로고였던 '라이코스'라는 검색회사를 기억하는가? 2000년대 초까지는 소위 '닷컴기업'이라 불리는 벤처기업들이 무수히 많은 인터넷 관련 사업을 일으키던 시기였다. 그러나 닷컴기업들은 초기 사업 아이디어로 끌어들인 자본이 바닥을 드러내자 도미노처럼 붕괴하고 말았다. 핵심적인 이유는 '수익모델의 부재'에 있었다.

기업을 지속 가능한 회사로 운영하려면 투자자본 외에 실제 수익을 창출할 수 있는 비즈니스 모델이 있어야 한다. 온라인 네트워크를 통해 상품과 서비스를 판매하는 온라인 유통 기업은 실제 매출이 일어나는 사업이었기에 닷컴 붕괴 속에서 살아남을 수 있었다. 그 생존자인 아마존은 온라인 서점으로 출발하여 사업 영역을 일반 상품으로 확장하면서 시가총액이 10년 전보다 무려 140퍼센트 늘어났다.

온라인 유통 사업의 시작

미국에서 전통 유통 시장을 위협하고 있는 초거대 공룡 기업 아마존의 CEO 제프 베조스는 1994년 봄, 온라인 유통 시장이 향후 10년간 연평균 200~300퍼센트 성장한다는 통계자료를 우연히 보게 된다. 당시 그는 월가 투자회사인 디이쇼D. E. Shaw의 부사장으로 승승장구하고 있었다. 하지만 온라인 유통 시장의 무한한 가능성에 주목한 그는 미련 없이 사표를 던졌다. 그 뒤 워싱턴주의 한 차고에서 아마존닷컴을 구상하기 시작했다. 그는 구체적인 사업계획을 구상하면서, 인터넷에서 판매하기 좋은 아이템으로 어떤 것들이 있는지 체계적으로 생각하기 시작했다. 수많은 고민 끝에 베조스가 선택한 아이템은 바로 오늘날의 아마존이 있게 만든 '책'이었다. 오프라인에서는 수백만 권의 책을 모두 갖춘 서점을 실제로 만드는 것이 불가능하다는 것에 착안하여, 이를 가능하게 만드는 초대형 가상서점인 아마존닷컴을 1995년 7월 5일 오픈했다.

미국보다 출발은 늦었지만 현재는 세계 최대의 온라인 소매 대국이 된 중국의 온라인 유통 사업은 1999년에 시작되었다. 영어 강사 출신의 입지전적인 인물 '마윈'에 의해서 탄생한 알리바바닷컴은 당시 중국 온라인 유통 시장에 진출해 있던 이베이를 몰아내고 중국인들에 의해서 성장하는 온라인 유통 사업의 현재를 있게 만드는 데 결정적인 역할을 한다.

그렇다면 국내 1호 온라인 쇼핑몰은 어떻게 시작했을까? 국내 1호 온라인 쇼핑몰은 1996년 6월에 오픈한 '인터파크'다. 인터파크는 1995년 11월 데이콤의 소사장제(분사)로 출범했고 이듬해 6월 국내 최초로 인터넷 쇼핑몰 '인터파크'를 오픈해 본격적인 온라인 유통 시장을 열었다. 한국도 닷컴붐이 불고 있었고, 자력으로 사업을 시작하는 많은 신생 벤처기업들도 있었으나 대체로 대기업 사내 벤처로 출발했던 회사들이 탄탄한 자금력과 우수한 인적자원을 바탕으로 사업에 성공한 사례들이 많았다. 현재의 네이버도 삼성SDS의 사내 벤처 출신이다.

온라인 쇼핑 산업은 IT 산업이다

아마존의 제프 베조스와 알리바바의 마윈은 둘 다 흙수저 출신 CEO로, 이전에 유통 기업에서 일한 경험이 없다는 공통점이 있다. 제프 베조스와 마윈은 쇼핑몰 사업을 단순히 유통 전문 회사로만 제한하지 않았다. 이들은 물류, 배송을 비롯하여 온라인 유통 사업 관련 경쟁력을 확보해나갔으며 기술투자를 아끼지 않았다. 또한 순수한 인터넷 회사에서 탈피하여 온오프라인의 경계를 허무는 다양한 신사업 분야로까지 사업 영역을 확장하여 유통과 산업 생태계 구조를 바꾸는 데 주도적인 역할을 담당했다.

한국 이커머스의 태생은 미국, 중국과는 출발 자체가 달랐다. 1호 쇼핑몰은 오프라인에 기반을 두지 않은 인터파크가 시작했으나 현재 온라인 쇼핑 시장은 백화점, 마트, TV 홈쇼핑 등 기존 유통사들이 온라인으로 채널을 확대한 모습이다.

한국의 온라인 쇼핑 시장은 우수한 IT 인프라를 바탕으로 하여 대기업 주도로 성장해왔다. 최근 신세계, 롯데 등 역시 대기업을 중심으로 AI 서비스 등 4차 산업혁명 분야의 기술들을 온라인 쇼핑 사업에 접목하려는 시도들이 이루어지고 있으나 아직까지 온라인 쇼핑은 유통의 한 채널에 머무르고 있다. 쿠팡처럼 어마어마한 적자를 감당하면서 공격적으로 새로운 서비스를 시도하는 온라인 기반 기업을 부정적으로만 바라봐서는 안 되는 이유이기도 하다.

아마존과 알리바바 등 글로벌 온라인 쇼핑 분야 공룡의 행보를 살펴보면 4차 산업혁명의 시대에는 온라인 쇼핑몰의 역할을 단지 장사하는 공간으로만 한정해서는 안 된다는 사실을 알 수 있다. 온라인 쇼핑 산업은 유통업이면서 IT 산업이다. 온라인 쇼핑 산업을 IT 산업으로 발전시킬 수 있는 기업가적 혜안이 발휘될 때 한국도 온라인 유통 시장의 글로벌 리더의 지위를 기대해볼 수 있을 것이다.

2

토이저러스 빌딩을 무너뜨린 손바닥 안의 아마존

공룡이 된 아마존

1994년 또 하나의 '아마존'이 탄생했다. '세계의 심장'이라고 불리는 브라질의 열대 우림 아마존처럼 상품의 보고寶庫를 만들고자 했던 원대한 비전의 출발이었다.

요즘에는 '아마존'이라는 단어를 들으면 누구나 당연하게 전자상거래 기업 아마존을 떠올린다. 아마존은 2017년 1,780억 달러의 매출을 올렸는데, 이는 10년 전인 2007년과 비교하면 10배 이상 성장한 경이로운 수치다. 또한 2018년에는 미국 온라인 쇼핑 시장 내 아마존의 점유율이 50퍼센트에 육박하면서 온라인 유통 사업 분야에서 아마존의 독주를 경계하고 위협할 어떠한 경쟁자도 없는 절대 강자가 되었다.

아마존은 2004년부터 매년 꺾이지 않는 성장세를 이어오며 2018년 마이크로소프트를 제치고 전 세계 시가총액 3위의 회사로 등극했다. 단 한 번도 혁신의 고삐를 늦추지 않았던 아마존은 온라인 쇼핑몰 회사로서 유통의 개념과 산업 구조의 변화를 주도하는 위대한 기업이 되었다.

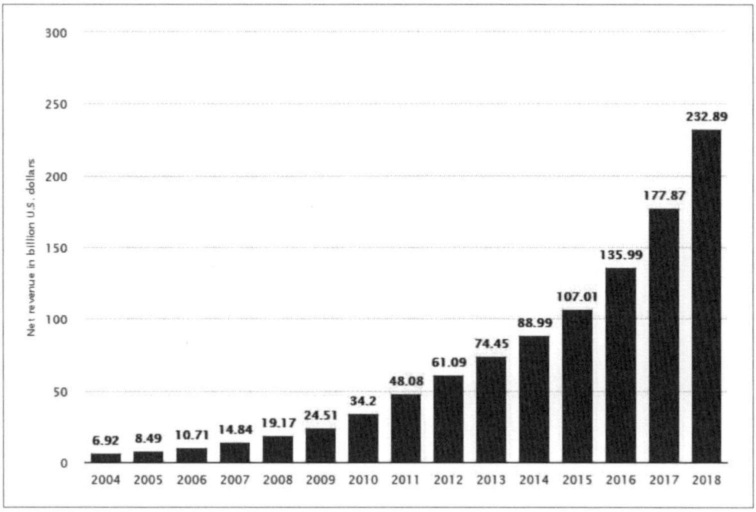

2004~2018년 아마존 순매출액 (단위 : 10억 달러) 아마존은 2018년 애플, 구글의 모기업 알파벳에 이어 전 세계 시가총액 3위 기업이 되었다. (출처: 'Net sales revenue of Amazon from 2004 to 2018 (in billion U.S. dollars)', 〈statista〉)

KO패 당한 전통 시장의 강자들

아마존의 독주가 심상치 않은 것은 아마존이 성장함에 따라 기존 오프라인 유통 강자들이 심각한 타격을 입고 있기 때문이다. 전통적인 소비 천국인 미국에서 그 탄탄한 시장

지위를 누려오던 백화점과 마트 등 오프라인 유통 플랫폼들은 온라인 유통 시장에 안이하게 대응해왔고, 그 결과 손바닥 안의 아마존에 패배하여 문을 닫는 지경까지 이르렀다. 2017년 9월, 장난감 천국 '토이저러스ToysRus'의 파산 신청은 미국 유통 시장에 큰 충격을 주었다.

1948년 설립되어 한때 전 세계에 1,600개 점포를 운영하기도 했던 토이저러스 몰락의 배경에는 아마존과의 악연이 있다. 토이저러스는 2000년 자사몰을 확대 운영하는 대신 아마존의 쇼핑몰 안에서 장난감과 어린이용품을 독점 판매하는 계약을 맺었다. 온라인 쇼핑몰은 아마존에 맡겨 운영하는 대신 토이저러스 본사는 상품의 공급에만 집중하기로 한 것이다. 토이저러스가 자사 온라인 쇼핑몰 운영을 포기하기로 한 이 어리석은 결정이 결국 토이저러스 전체를 무너뜨리는 결정적인 패착이 되었다. 2006년 토이저러스는 다시 온라인 쇼핑몰을 열었으나 이미 아마존 사이트에서 토이저러스의 장난감을 구매하는 데 길들여진 소비자들은 토이저러스닷컴으로 돌아오지 않았다.

미국 최대 백화점 중 하나인 J.C.페니J.C. Penny의 주가 하락세가 바닥을 모르고 이어지고 있다. 1902년 문을 연 이 백화점의 주가하락의 주요 원인은 온라인 유통 환경에 발 빠르게 대응하지 못한 것이었다. 2017년 3월 다급해진 J.C.페니는 138개의 오프라인 매장을 폐쇄하고 온라인 쇼핑몰 강화에 집중하겠다고 발표했다. 오프라인 매장의 폐쇄는 대량 실업으로 이어진다. 시장의 변화를 미리 감지하고 서서히 구조적인 변화를 해나갔더라면 115년 이상의 역사를 가진 이 백화점이 이다지도 급작스럽게 몰락하지는 않았을 것이다.

2018년 또 하나의 파산 소식이 들렸다. 20세기 아마존으로 불리며 미국 전역에 3,500개의 백화점과 마트를 운영하던 최대 유통업체였던 시어스 홀딩스Sears Holdings가 126년 만에 파산보호 신청을 낸 것이다. 시어스 또한 온라인 유통 시장의 성장에 눈을 감고 혁신하지 않아 경쟁에서 도태되었다.

아마존의 독주, 리스크와 기회

아마존은 온라인 유통 사업을 중심으로 지속적인 인수합병과 신규사업에 꾸준히 투자한 결과 IT 회사로 거듭났다. 아마존은 미국의 산업 구조와 고용 구조를 바꾸고 있다. 아마존의 성장이 나비효과가 되어 미국 경제 전반에 변화를 가져오고 있다. 오프라인 유통 사업자들이 몰락하면서 종업원들은 하루아침에 일자리를 잃었다. 마트와 백화점의 몰락은 부동산 시장에까지 영향을 미치고 있다. 2018년 초 블룸버그 통신은 '아마존의 끝없는 식욕이 미국 경제에 악몽이 되고 있다'라는 기사에서 '아마존은 현대 기업의 모든 규칙을 깨고 있다. 거의 모든 산업의 대기업들이 한 회사에 의해 전례 없는 위협을 받고 있다'고 말했다. 이러한 아마존의 독주에 대해서 미국 사회에서는 우려의 시선을 보내는 목소리가 크다. 그러나 아마존은 계속 앞으로 나아갈 것이고, 이미 만들어진 혁신의 선순환 생태계 가동을 멈추지 않을 것으로 보인다.

우리는 아마존의 성장을 통해서 재편되고 있는 산업 구조의 변화 속에서 기회를 발견하고 발 빠르게 움직여야 한다. 혁신이 없으면 몰락하는 존재는 대기업만이 아니다. 혁신의 물결을 이해하지 못하고 현재에 안주하기만 한다면 100세 시대를 살아야 하는 나의 노후도 보장하기 어려울 수 있다. 변화를 예민하게 감지하고 그 변화 속에 나의 자리를 찾아 나가자. 아마존과 같은 시장을 주도하는 리더의 움직임을 이해하고 그 파장을 예측해보자. 앞으로 이러한 변화에 대응할 나의 계획은 무엇인가? 지금 내가 업으로 삼고 있는 일은 아마존의 행보 안에 있는 것인가? 지금은 위기이자 기회의 상황이다. 앞으로 닥칠 큰 변화에 준비하자. 변화에 대응하는 존재만이 기회를 잡을 것이다.

3

13억 중국인을 움직인 놀라운 변화

세계 최대 온라인 유통 시장, 중국

2011~2012년경 내가 중국 온라인 유통 사업 컨설팅과 플랫폼 구축 업무를 할 때만 해도 한국의 이커머스 시장과 IT는 여전히 중국의 벤치마킹 대상이었다. 한국에서 온 나도 중국 회사의 동료에게는 선생이었다. 그 당시 나는 중국인들에게 온라인 쇼핑몰의 기획과 운영, 마케팅에 대해서 교육했다.

중국에서도 타오바오淘宝网(중국의 인터넷 기업인 알리바바 그룹이 운영하는 오픈 마켓), 징둥京东(2004년 설립된 중국 온라인 유통 기업) 같은 거대 온라인 유통 업체들이 성장하고 있었지만 한국의 쇼핑몰 업체들과 별반 다르지 않은 비즈니스 모델이었기에 지금 같은 눈부신 기술의 발전을 예상하지는 못했다. 그 아래 깔린 철학과 기술의 기반이 한국의 커머스 업체들과는 큰 차이가 있다는 사실을 전혀 몰랐기 때문이다.

돌이켜보면 새로운 쇼핑몰을 오픈하는 중국의 신진 CEO들은 IT 기술에 대한 학문적인 기반이 탄탄한 경우가 많았고, 겉으로 보이는 쇼핑몰의 디자인이나 UI user interface(사용자 인터페이스)보다는 그 쇼핑몰을 구성하고 있는 기능이나 기술적인 부분을 확장하고 완성도를 높여나가는 것들에 집중했다. 그들은 '기술'을 이루는 부분들이 진정한 이커머스라고 생각했다. 그러한 생각이 지금의 중국 온라인 유통 시장과 IT의 발전을 이룬 근간이 되었을 것이다.

중국 관영 매체인 〈환구시보 環球時報〉는 2022년 중국 전자상거래 규모는 1조 8,000억 달러(약 2,016조 9,000억 원)에 달한다고 보도했다. 이는 같은 해 미국의 전망치인 7,130억 달러의 두 배에 달하고, 일본(1,590억 달러)의 10배에 해당하는 규모다.

이제 중국은 더 이상 한국을 배우지 않는다. 세계 최대의 온라인 유통 시장을 일군 중국의 경쟁 상대는 대양 건너 미국의 거대 공룡들이다. 두렵기도 하고 격세지감이 느껴지는 근 몇 년 사이의 변화를 보면서, 중국 기업들이 잘하는 것들을 어떻게 하면 국내 환경에 접목할 수 있을지 고민하고 새롭게 배워 도전해야 할 때임을 절감한다.

중국인의 쇼핑 패턴 변화

과거 중국 출장을 다닐 당시 회사 앞에는 출근하는 직장인들을 상대로 아침에 만두와 두유를 판매하는 노점상이 있었다. 흰 투명 비닐봉지 안에 넣어주는 따끈한 만두와 담백한 콩국물이 참 맛있었던 기억이 난다. 최근 다시 근처에 갈 일이 있어 반가운 마음에 만두와 두유를 샀는데, 주인 아주머니가 리어카 앞에 붙어 있는 QR코드를 가리켰다. 이걸로 계산하라는 의미였다.

이제 중국인들은 주문을 하기 위해서 카운터 앞에 줄을 서지 않는다. 현금을 꺼내지도 않는다. QR코드를 통해서 식당 자기 자리에서 주문하고, 위챗페이Wechat pay(중국의 IT 기업 텐센트가 만든 모바일 결제수단)로 계산한다. 중국 온라인 유통의 가장 큰 특징이자 경쟁력이라면 이처럼 O2OOnline to Offline의 눈부신 발전에 있다. 중국의 온라인 유통은 이제 손바닥 안을 벗어나 현실의 세상과 만났다. 이러한 결합이 13억 중국인의 쇼핑 패턴을 바꾸고 있다.

세계가 주목하는 하루, 광군절

매년 11월 11일에는 알리바바를 중심으로 연중 최대의 할인 행사가 진행된다. 원래 광군절은 중국에서 11월 11일을 가리키는 말로, '독신절'이라고도 한다. '광군光棍'은 중국어로 홀아비나 독신남, 또는 애인이 없는 사람을 뜻하는 말로, '1' 자의 모습이 외롭게 서 있는 사람과 비슷하다고 해서 비롯된 것이다. 2009년 타오바오에서 데이 마케팅으로 활용한 것이 오늘날 이 대단한 하루의 시작이 되었다. 2017년엔 공식 이름을 광군절光棍節에서 솽스이双十一(쌍11)로 변경하면서 총 24일간 온라인과 오프라인의 경계를 허무는 체험 쇼핑 페스티벌로 자리 잡았다.

2017년 11월 11일 하루 동안 진행된 솽스이 행사에서는 전년보다 40퍼센트 증가한 1,689억 위안(약 28조 3,000억 원)의 거래를 기록했다고 한다. 2017년 한국 전체 온라인 쇼핑 시장 거래액이 78조 원인데, 알리바바가 하루 만에 한국의 일 년간 쇼핑몰 매출의 3분의 1을 해치운 셈이다.

중국의 이커머스 사업자들은 이 행사를 준비하면서 고객, 플랫폼 UI, 물류, 고객서비스 등 커머스의 모든 분야에서 기록적으로 몰려드는 트래픽과 주문, 배송을 감당하기 위해서 AI 시스템을 도입하고 기술력을 강화하여 만반의 준비를 한다. 현재 광군절은 판매실적을 올리는 마케팅 행사의 차원을 넘어서 한 해 동안 그 회사가 이루어온 성장과 진보를 보여주기 위한 퍼포먼스의 장으로 의미가 확대되었다.

알리바바와 텐센트의 격돌

미국에 아마존, 구글, 페이스북과 같은 글로벌 IT 공룡들이 있다면, 중국의 IT 산업을 대표하는 공룡으로는 알리바바와 텐센트가 있다. 10억 명의 활성고객을 보유한 SNS 위챗을 운영하는 텐센트가 2018년 아시아 시가총액 1위 기업으로 등

극했고, 알리바바가 그 뒤를 바짝 뒤쫓는 형세다. 아시아의 두 공룡 텐센트와 알리바바는 최근 온라인 유통 시장에서 격돌하여 힘겨루기를 하고 있다.

온라인 유통에서 잔뼈가 굵은 알리바바는 티몰, 타오바오 등 자사 쇼핑몰을 고도화하면서 중국의 유수 온라인 유통·소매업체에 지분투자를 함으로써 온라인 유통 최강자로서의 입지를 확고히 하고 있다. 특히 신선식품 브랜드인 '허마셴셩盒馬鮮生'으로 소비자에게 새로운 쇼핑 경험을 제공하면서 중국 O2O 산업을 리드하고 있다.

텐센트는 직접 온라인 유통 사업에 진출하지는 않았으나 지분투자를 통해 업계의 영향력을 확대하면서 알리바바를 견제하고 있다. 미국처럼 땅덩어리가 큰 나라에서 자생한 아마존이 그랬듯 중국 대륙의 알리바바와 텐센트 또한 배송 물류 및 상품 공급 라인까지 인프라를 갖춰가면서 경쟁적으로 투자를 하고 있다.

알리바바와 텐센트의 경쟁 중 가장 흥미로운 분야는 모바일 결제 시장이다. 우리는 온라인 쇼핑을 할 때나 가게에서 물건을 살 때 신용카드를 많이 쓰는데, 중국인들은 휴대폰 결제에 더 익숙하다. 이러한 결제 환경을 만든 것도 두 회사다.

알리바바는 2003년 오픈마켓 사이트인 타오바오를 론칭하면서 '알리페이'라는 결제 시스템을 오픈했다. 이 결제 시스템은 기본적으로 돈거래에서 사기가 만연했던 중국인들이 타오바오를 믿고 온라인 결제를 할 수 있도록 만들어주었던, 중국 사회에 대한 이해를 바탕으로 탄생한 결제수단이다. 알리페이는 신용카드처럼 결제를 하자마자 판매자에게 입금되는 구조가 아니라 알리바바가 중간에서 돈을 가지고 있다가 상품이 안전하게 배송된 것이 확인되면 판매자에게 돈을 지불하도록 하는 시스템이다. 이 알리페이는 중국 시장에서 알리바바가 이베이를 몰아내는 데 결정적인 역할을 했다.

그러나 독점적인 지위를 누리던 알리페이는 위챗페이의 등장으로 위협을 받기 시작한다. 알리페이는 우리가 흔히 아는 온라인 쇼핑몰의 결제수단인 반면, 위챗페이는 출신부터 SNS 메신저와 연동되는 결제 시스템이다. 위챗페이는 메신저상에서 대화 중 친구들끼리 홍바오紅包(빨간 봉투라는 뜻으로, 중국인들이 특별한 날 주고 받는 세뱃돈, 축의금, 보너스, 용돈 등을 통칭하는 말)를 보내는 데서 시작되었다. 중국인들에게 위챗이 일상의 커뮤니케이션 도구로 자리 잡으면서 온라인, 오프라인 소액결제에도 널리 활용되었고, 현재는 오프라인 모바일 결제 시장에서 점유율 1위를 유지하고 있다. 위챗은 우리나라로 치면 카카오톡 같은 메신저인데, 사용자에게 익숙한 플랫폼이 제공하는 부가서비스는 사용자들이 쉽게 적응하여 사용하는 데 도움을 준다. 이처럼 O2O를 가능하게 한 모바일 결제 시장의 발전은 오늘도 현재진행형이다.

순수한 전자상거래의 종말

중국의 커머스 분야는 모바일 디바이스를 뛰어넘어 온라인과 오프라인을 결합하는 새로운 유통 환경을 구축하며 그 영역을 확대해나가고 있다. 허마셴셩의 대표이자 알리바바 부총재인 허우이는 지난 2018년 8월 허마 신유통 관계사 총회에서 "오늘날 대부분의 유통기업은 3~5년 안에 시장에서 퇴출될 것이다"라는 말을 했다. 즉 빅데이터, 인공지능 등 4차 산업혁명의 기술이 뒷받침되지 않는 유통 사업자는 도태될 것이라는 뜻이다.

중국의 대형 온라인 유통 업체들은 '신유통'이라는 개념하에 빅데이터를 활용한 온오프라인 결합 상점들을 개발하여 새로운 고객경험을 제공하고 있다. 중국의 신선식품 O2O 매장인 허마셴셩은 부동산 가치까지 영향을 주고 있다. 중국 부동산 시장에 '허세권盒区房(허취팡)'이라는 신조어가 있는데, 허세권은 알리바바의 신선식품 전문매장 허마셴셩의 배달 가능한 권역(매장 반경 3킬로미터 이내)을 의미한다.

또한 무인 편의점, 무인 커피 전문점, 무인 서점 등 오프라인 가게에서 사람이 했던 상품발주, 진열, 주문, 결제, 배송까지의 모든 서비스를 자동화한 중국의 혁신은 정말 다른 차원의 세계를 보는 것처럼 우리보다 훌쩍 저만치 앞서 있다.

그런가 하면 한국의 홈쇼핑 동영상을 흉내 내던 중국의 V-커머스Video Commerce 시장의 성장 또한 엄청나다. 중국은 콘텐츠 커머스 및 V-커머스 시장이 가장 활발한 나라다. 왕홍网红이라는 말이 있는데, 간단하게는 유튜브의 크리에이터와 유사한 개념이라고 이해하면 된다. 이러한 왕홍들이 엄청한 신드롬을 불러일으키며 비디오가 결합된 형태의 커머스를 주도하고 있다. '왕홍 마케팅'이 하나의 주요 마케팅 방법으로 자리 잡았을 정도다. 이제 온라인에서 매출을 일으키기 위한 마케팅의 방법들 또한 새롭게 이해하고 적응해나가야 도태되지 않을 수 있다.

어마어마한 영토, 어마어마한 국민 수만큼 다양한 커머스의 발전 형태를 만나볼 수 있는 중국은 우리가 계속 지켜보며 학습해나가야 할 대상이 되었다. 이러한 기술의 발달과 진화하는 커머스의 형태들 속에서 내가 활용할 수 있는 것들은 무엇인지, 그리고 앞으로 커머스 및 그 관련 산업에서 내가 얻을 수 있는 것이 무엇인지 늘 생각하면서 깨어 있어야 한다. 숨 가쁘게 발전해가는 중국의 커머스 시장 학습을 통해 신선한 아이디어를 얻고 통찰력을 키워나갈 수 있으니 이 또한 기회가 아닐까 한다.

4

새로운 유통 시장의 서막

20대 청년이 된 이커머스

1996년에 태어난 국내 온라인 쇼핑 산업은 올해로 벌써 23살이 되었다. '온라인 쇼핑 20주년'을 맞이하여 2016년에 통계청이 발표한 자료에 따르면 2015년 온라인 쇼핑 거래액은 53조 8,883억 원으로 2001년 3조 3,471억 원의 16.1배에 달하며, 15년간 연평균 220퍼센트 성장했다. 같은 해 모바일 쇼핑 거래액은 24조 4,645억 원으로 2013년 6조 5,596억 원의 3.7배에 달하며, 3년간 연평균 93.1퍼센트라는 엄청난 성장률을 기록했다.

2018년 11월에 발표한 '2018년 9월 온라인 쇼핑 동향' 자료로 2018년의 연간 거래액을 추정해보면, 온라인 쇼핑 거래액은 110조 원, 모바일 쇼핑 거래액은 70조 원까지 성장해 모바일 비중이 60퍼센트에 달할 것으로 추정된다. 2015년 기준으로 불과 3년 만에 온라인은 2배 가량, 모바일은 3배가량 성장을 거듭한 것(2018년 9월 온라인 쇼핑 동향에 나온 2018년 10월까지의 월별 거래액을 기반으로 11월, 12월을 추정한 2018년 연간 추정치임)이다. 어마어마한 급성장이 아닐 수 없다. 게다가 모바일 거래 비중은 2013년 17퍼센트에서 2018년 60퍼센트까지 확대되었다. 즉 온라인 쇼핑 거래액의 절반 이상이 손바닥만 한 휴대폰 화면을 통해서 일어난다는 것이다.

온라인 쇼핑몰의 등장

한 해 100조 원 이상의 거래액을 만들어내는, 이제 주류의 유통 채널로 자리 잡은 이커머스도 그 시작이 있었다. 1996년부터 1999년까지는 국내 대형 쇼핑몰들이 앞다투어 사업을 시작하던 시기였다. 1996년에 데이콤의 사내 벤처였던 '인터파크' 오픈을 시작으로, 1999년까지 백화점을 온라인으로 옮긴 백화점몰 등 굵직굵직한 쇼핑몰들의 오픈이 줄줄이 이어졌다. 그 당시 오픈 행렬에 있었던 사이트들이 롯데닷컴, 신세계백화점, e현대, 한솔CS클럽, 삼성몰, LG이숍, CJmall 등이다.

종합몰뿐만 아니라 지금은 굴지의 온라인 서점이 된 YES24와 알라딘도 1998년에 오픈했다. 밀레니엄이 시작하기 전 1990년대 말, 대형 온라인 쇼핑 플랫폼들은 마치 신도시에 생겨나는 아파트들처럼 우뚝 우뚝 솟아나 온라인으로 물건을 주문하면 집으로 배송해주는 새로운 유통 시장의 서막을 올렸다.

오픈마켓, 이커머스 지각을 흔들다

이커머스의 역사를 이야기할 때 반드시 짚어봐야 하는 비즈니스 모델이 '오픈마켓'이다. 온라인 유통 산업이 지금처럼 고속으로 성장할 수 있었던 이유는 오픈마켓이라는 C2C^Customer to Customer^ 비즈니스 모델의 탄생 및 활성화와 관련이 크다.

오픈마켓의 출발은 '옥션'이었다. 1998년 4월에 문을 연 옥션은 처음에는 말 그대로 경매 사이트로 출발했다. 당시 일반인들이 옥션을 통해서 인터넷 전자상거래를 경험하며 온라인 쇼핑 서비스를 많이 사용하기 시작했다. 옥션은 2001년 미국 이베이에 인수된 이후, 2002년에 경매와 공동구매만으로 사업 수익성을 극대화할 수 없다고 판단하고 2002년 3월부터 '오픈마켓'으로 사업 구조를 개편했다. 전문적인 판매자는 아니지만 개인 간 거래가 있는 이용자들을 확보하고 있었던 옥션이었기에 가능한 결정이었다. 옥션은 2002년 상반기부터 흑자를 기록했다.

인터파크의 자회사로 시작한 G마켓이 본격적으로 세를 확장하던 2000년 이후 오픈마켓의 양적 팽창 시기가 도래했다. 2004년 옥션은 전자상거래 업체 중 처음으로 회원수 1,000만 명을 돌파하는 기염을 토했다.

'파는 사람이 많을수록 가격은 내려갑니다'라는 캐치프레이즈하에 서부 개척시대 같은 배경에서 청바지를 입은 남자들이 곡괭이를 들고 땅을 파는 모습의 TV 광고는 몹시 인상적이었다. 지금 돌이켜보면 딱 서부 개척시대 같았던 그 시기의 온라인 쇼핑 업계를 잘 나타낸 광고였다.

당시 다음온켓, GSe스토어, 엠플, 싸이마켓 등, 옥션과 G마켓 외에 많은 온라인 쇼핑 업체들이 앞다투어 오픈마켓 전쟁에 뛰어든 이유는 '안정적인 수익 기반 마련'에 있었다. 기존 쇼핑몰 사업이 판매수수료에 의존한 반면 오픈마켓은 입점료, 상품등록비, 판매수수료, 광고비 등을 받기 때문에 고정적인 수익을 확보할 수 있었기 때문이다.

오픈마켓과 종합몰의 주도권 경쟁

오픈마켓은 옥션과 G마켓을 필두로 무섭게 성장하며 전체 인터넷 쇼핑 시장의 점유율을 높여나갔다. 오픈마켓의 성장으로 온라인 유통업계의 비즈니스 모델 간 희비가 엇갈렸다. 오픈마켓은 전형적인 C2C 비즈니스 모델로 종합몰 대비 가격이 저렴했고, 많은 판매자가 쉽게 상품을 등록할 수 있었다. 그러나 오히려 그 특징 때문에 상품수의 증가세 또한 종합몰이 따라잡기에는 버거운 상황이 되었다.

오픈마켓의 성장은 온라인 쇼핑의 본질을 잘 파악한 비즈니스 모델의 승리다. 정보정책연구원에 따르면 오픈마켓의 매출 규모는 2003년

7,800억 원, 2004년 1조 4,800억 원, 2005년 3조 원으로 매년 100퍼센트씩 성장했다. 2007년에는 전체 거래 규모가 7조 5,000억 원에 이를 정도로 인터넷 쇼핑 시장의 절반 이상에 육박하며 전세를 역전해 종합몰을 제치고 시장의 절대 강자로 떠올랐다.

오픈마켓이 저가 상품과 많은 상품수로 성장하는 동안 종합몰은 종합몰의 브랜드력을 내세운 고급화 전략으로 차별화를 꾀했다. 쇼핑몰이 직접 엄선한, 좋은 품질의 상품을 고객에게 제공한다는 전략으로 저가 경쟁을 피하고 브랜드력으로 승부하고자 했다.

당시 오픈마켓에서 디카를 주문했는데 벽돌을 받았다는 유명한 사건도 있었다. 명품, 고가 전자제품의 구매에서 이러한 사기 사건들이 발생했다. 오픈마켓의 개인 간 거래에서 보호받지 못한 소비자들 사이에 '저렴한 상품은 오픈마켓에서, 고가 상품은 종합몰에서'라는 인식이 생겨났다. 종합몰은 이러한 오픈마켓의 약점을 파고들어 오픈마켓과의 차별화를 시도하고자 했다.

그러나 2008년 11번가가 후발주자로서 모회사인 SK텔레콤의 어마어마한 자본력을 등에 업고 사업을 시작하면서 종합몰의 차별화 전략도 위협을 받는다. 11번가는 '위조품 보상제'를 실시하며 기존 오픈마켓 플랫폼과의 차별화된 서비스를 선언했다. '위조품 보상제'란 구매자가 11번가를 통해서 구매한 제품이 위조품으로 의심되면 결제대금을 100퍼센트 환불해주고 결제대금의 10퍼센트를 11번가 포인트로 제공한다는 내용이었다.

11번가는 비록 후발주자였으나 이러한 오픈마켓의 약점을 정확히 파악하고 종합몰의 강점을 결합한 서비스로 시장의 니즈를 정확히 충족시켰다. 11번가의 론칭 이후 오픈마켓 시장은 G마켓·옥션·11번가의 삼각 편대로 재편됐다.

5

생존을 위한 출혈경쟁

웹 2.0 시대의 커머스

2004년 미국에서 열린 '웹 2.0 콘퍼런스' 이후 웹 2.0은 온라인 비즈니스의 화두가 되었다. 웹 2.0(Web 2.0)이란 개방, 참여, 공유의 정신을 바탕으로 사용자가 직접 정보를 생산하여 플랫폼과 사용자 간의 소통을 원활하게 해주는 웹 기술을 말한다. 기존의 인터넷이 일방적으로 정보를 보여주었다면, 웹 2.0은 사용자가 직접 콘텐츠를 생산하여 쌍방향으로 소통할 수 있다. 웹 2.0의 대표적인 서비스로는 게시판, 댓글, 블로그, UCC, 지식백과 등이 있다.

웹 2.0 담론 이후 쇼핑몰에서는 '상품평'의 중요성이 대두되어 상품평을 확보하고자 하는 노력들이 진행되었다. UCC 마케팅 등을 통해 고객이 직접 생산하는 동영상 콘텐츠를 확보하기 위한 시도도 이루어졌다. 그러나 쇼핑몰 내에서의 상품평 작성이나 동영상 업로드의 경우 쇼핑몰이 상업적으로 그 콘텐츠를 이용한다는 사실을 고객들이 인지하고 있었기 때문에 혜택이 없으면 참여가 극히 저조했다.

웹 2.0의 등장으로 포털 사이트의 블로그, 게시판과 커뮤니티의 댓글이 활성화되면서 포털의 개인 블로그가 상품과 서비스를 소개하고 추천하는 광고 모델로 자리를 잡게 되었다. 또한 블로그를 통해서 상품을 소개하고 판매하는 사업자까지 생겨나며 콘텐츠와 커머스가 결합한 모델로서 개인의 블로그 커머스 사업이 성행하게 되었다.

독립 쇼핑몰의 폭발적 증가

오픈마켓의 등장 이후 종합몰과 오픈마켓 간의 경쟁은 말 그대로 치열한 생존을 위한 출혈 경쟁이었다. 오픈마켓에 비하여 가격과 상품수 면에서 열위에 있었던 종합몰은 상품수를 확대했다. 쇼핑몰에서 수많은 상품을 검색하는 데 많은 시간과 노력이 필요했고, 상품 차별화가 없는 대형몰에서의 쇼핑이 식상해진 시기였다.

여기서 개인사업자에게 새로운 기회가 생겨났다. 하나의 상품군이나 주력 상품만을 구성해서 판매하는 전문몰이나 편집숍, 개인 소호몰들이 종합몰의 틈새를 메우며 고객들의 갈증을 해소해주었다. 전문몰은 카페24, 메이크샵, 고도몰과 같은 전자상거래 솔루션이 보급되면서 급격하게 그 숫자가 확대되었다.

1인 기업인 전문쇼핑몰이 연간 100억 원의 매출 신화를 달성하면서 창업자들의 높은 관심이 집중됐다. GS는 2005년 이처럼 높은 매출을 올리는 '파워판매자'만 입점시킨 GSe스토어를 출범시켰다. 2006년 카페24가 EC솔루션을 통해 창업시킨 쇼핑몰의 수는 10만 개를 돌파했다. 2005년에 패션전문몰로서 사업을 시작한 '스타일난다'는 온라인 쇼핑으로 사업을 시작한 지 14년 만인 2018년 프랑스 화장품 브랜드 로레알에 약 6,000억 원으로 매각되었다.

트레저 헌터가 떴다

쇼핑몰의 수가 기하급수적으로 늘어나고 판매되는 상품이 쇼핑몰마다 유사해지는 상황이 발생했다. 그러자 합리적인 소비자들 사이에서 여러 쇼핑몰의 상품 중 최저가를 찾아 구매하려는 움직임이 생겼다. 이러한 고객들은 특정 쇼핑몰에 접속하여 상품을 구매하기보다는 포털이나 쇼핑몰의 정보가 모여 있는 사이트를 통해서 상품의 가격과 구성, 상품 정보를 비교해보고자 했다. LG경제연구원은 이렇게 온라인 쇼핑 시장에서 최적의 상품을 찾기 위해서 노력하는 소비자를 '트레저 헌터treasure hunter'라고 정의했다. 트레저 헌터의 양산과 함께 쇼핑 정보만을 모아서 보여주는 메타 사이트인 다나와, 에누리의 매출이 급증했고, 포털 사이트 네이버의 지식쇼핑, 다음 쇼핑하우도 이 시기에 론칭했다.

아이폰의 탄생, 패러다임이 바뀌다

1990년대 말 신도시 아파트처럼 생겨났던 쇼핑몰들은 2000년대 초반을 전후로 옥석이 가려졌다. 2000년대 말이 되자 국내 이커머스 시장은 성숙기에 접어들어 쇼핑몰 간 순위가 정해졌고, 비슷비슷한 순위권 내에서의 경쟁이 이어지며 자리를 지키는 상황이 되었다. 아이폰이 등장하여 새로운 유통 기회를 창출하기 전까지는 말이다.

2009년 11월, 아이폰이 등장하면서 온라인 유통업계는 새로운 격변기를 맞이한다. 모바일 쇼핑의 시대가 본격적으로 열린 것이다. 지금은 온라인 거래액 중 모바일 거래 비중이 절반을 넘어섰지만, 아이폰이 막 출시되었을 때만 해도 국내 온라인 유통업계의 분위기는 냉랭했으며 누구도 모바일의 파괴력을 짐작하지 못했다. 그때 누구라도 좀 더 빠르게 플랫폼을 선점했더라면 지금의 경쟁구도에 또 다른 변화가 생겼을 것이다.

소셜 커머스의 등장

2010년 한국의 대표 소셜 커머스 3사가 나란히 서비스를 시작했다. 소셜 커머스는 소셜 미디어와 온라인 쇼핑이 결합된 형태를 말한다. 소셜 미디어는 스마트폰의 보급이 확대되고 사용이 활성화되면서 폭발적으로 성장했다. 특히 사람들이 스마트폰을 통해서 수시로 접속하여 실시간으로 의견을 공유하는 활동들이 소셜 미디어 생태계의 규모를 확대했다.

한국의 소셜 커머스는 소셜 미디어를 활용하여 자사 사이트에서 시간 한정 특가 형식으로 상품을 판매하는 방식이다. 이런 방식을 딜[deal] 판매라고 하는데, 하나의 페이지에 여러 개의 특가 상품을 묶어서 보여주는 형태다. 딜 판매 방식은 마우스와 키보드 등의 입력기기를 사용하면서 큰 화면으로 자유롭게 검색하고 가격과 스펙을 비교하기 쉬운 PC 환경과 다른 스마트폰의 물리적 제약을 해소할 수 있어 모바일에 특화된 판매 방식이다. 이러한 딜 형식의 구조는 최근 모바일 쇼핑 앱에서 일반화된 상품 제공 형태가 되었다.

이처럼 소셜 커머스의 등장이 한국의 모바일 커머스 시장의 성장을 견인했다. 모바일 사업을 운영하는 것에 소극적이던 전통적 쇼핑 강자들은 소셜 커머스가 모바일을 기회로 성장하는 모습을 지켜보며 너도나도 앞다투어 모바일로 고객을 보내기 위한 다양한 마케팅 활동을 펼치기 시작했다.

네이버, 쇼핑을 접수하다

네이버 지식쇼핑으로 온라인 유통업계에 발을 살짝 걸친 네이버는, 2012년 '샵N'을 오픈했으나 국내 1위 검색 업체가 이커머스 시장까지 독점한다는 비판을 받으며 2년 만에 사업을 접었다. 그러나 네이버는 쇼핑 사업을 포기하지 않고 2014년 '스토어팜'을 출시했다. 스토어팜은 온라인 쇼핑몰 창업을 원하는 이들에게 무료 쇼핑몰을 지원하는 플랫폼으로, 입점비와 판매수수료를 없애 비용 투자에 민감한 중소상공인들을 공략했다. 네이버 측은 '판매수수료를 받는 오픈마켓과는 사업 구조가 다르다'며 선을 그었지만, 업계에서는 네이버가 결제대행수수료 등을 받는다는 점에서 11번가 등 다른 오픈마켓과 사업 구조가 유사하다고 본다. 스토어팜은 기존 유통사 수수료 대비 낮은 비용과 '네이버'라는 브랜드가 가진 마케팅 이점으로 오픈 3년 만에 10만 명이 넘는 쇼핑 사업자들을 흡수했다. 네이버는 2018년 2월에 네이버 스토어팜을 '네이버 스마트스토어'로 개편했는데, 네이버 검색에서 사용자의 구매 패턴 등을 반영하는 등 고도화된 인공지능 검색을 활용하여 스마트해졌다는 의미를 담고 있다.

2장

쇼퍼홀릭,
이커머스
전문가가 되다

1

쇼핑몰 기획자가 된 쇼퍼홀릭

온라인 쇼핑을 시작하다

나는 성인이 되어 스스로 돈을 벌기 시작하면서부터 쇼핑에 관심을 가졌다. 웹에이전시를 다니면서 늘 시간 부족에 시달렸기에 사무실에서 하얗게 밤을 지새우며 졸음을 쫓기 위해 온라인 쇼핑몰을 돌아다니며 쇼핑을 하기도 했다.

그러한 이유로 여러 가지 온라인 쇼핑 경험을 하게 되었다. 당시는 온라인 쇼핑몰들 또한 지금처럼 규모가 크지 않아서 나는 주로 야후나 네이버 등에서 검색되는 작은 구멍가게 같은 곳들을 이용했다. 그러나 내 또래 친구들은 왜 옷을 보지도 않고 사냐며 이해 못할 일이라는 반응을 보였다. 실제로 배송되어온 옷들은 컴퓨터를 통해서 보았던 이미지와 크게 다른 경우가 많았고, 상품 품질도 좋지 못했다. 그런 실패를 거듭하면서도 나는 온라인에서 물건 사기를 멈추지 않았다. 대학교 졸업 때까지 지방에서 살다 상경한 내게는 바쁘게 돌아가는 회사생활을 하면서 오프라인의 가게들을 찾아 쇼핑하는 것이 훨씬 어려운 일이었다.

TV와 인터넷은 외로운 지방 출신 상경자에게 큰 위로가 되는 친구였다. 그 당시 홈쇼핑에서 보았던 속옷 방송은 아직도 내게 신선한 충격으로 남아 있다. 온통 화려한 자수가 놓여 있는 속옷을 입은 외국인 모델들이 캣워크를 하는 모습에 매료된 나는 어느새 수화기를 들고 주문을 하고 있었다. 배송되어 온 속옷이 예뻐서 한동안 자주 입었다. 남자 친구의 선물은 '바이앤조이'라는 정기적으로 배송되어오는 통신판매 카탈로그를 통해서 주문했는데, 실제 배송되어온 셔츠의 품질이 좋지 않았던 기억이 난다.

이런 나의 온라인 쇼핑 사랑은 혼수 장만까지 이어졌다. 침대, 서랍장, 협탁, 부엌 선반 등 가전제품을 제외한 대부분의 가구를 온라인 쇼핑몰에서 주문해 작은 신혼집을 채웠다.

남편 옷을 쇼핑하다 만난 천직

결혼 후에도 먹거리를 제외한 옷 같은 상품은 쇼핑몰을 통해 구입했다. 여러 해외 브랜드들이 입점되어 있는 CJmall을 자주 이용했는데, 그날도 남편의 스웨터를 사려고

CJmall에 접속했다가 상단에 떠 있는 채용 공고를 보게 되었다. 신규 사업을 위한 인력 충원 공고였다. 나는 CJ그룹 인재DB에 내 정보를 입력했고, 이는 곧 면접으로 이어졌다. 그러나 실제 내가 입사하게 된 곳은 신규 사업을 진행하는 쪽이 아니라 기존 CJmall 사업부였다.

지금 생각해보면 이 첫 경험은 지금까지 이커머스 분야에서 나의 경력을 이어올 수 있도록 해준 안정적인 첫 출발이었다. 사업부는 이커머스 담당 부서로, 마케팅팀과 상품팀까지 세 팀으로 이루어져 있었다. 마케팅팀 안에는 분석, 관리, 제휴마케팅, 영업기획, 운영기획 등 굉장히 다양한 업무들이 파트로 구성되어 있었다. 물론 지금은 과거의 각 파트가 하나의 팀을 이룰 정도로 전문화되고 세분화되었다.

온라인 쇼핑몰 고객이던 내가 쇼핑몰에서 일하게 되었다는 것이 몹시 기뻤다. 내가 속한 파트는 '서비스 기획 파트'로 쇼핑몰 기획과 운영을 담당하는 부서였다. 그 당시 사업부 팀장이 서비스 기획에 대해 해준 말이 있었는데, 이는 내가 서비스 기획의 기본 개념을 잡을 수 있는 길라잡이가 되었다. 이 말은 여전히 내 마음에 남아 후배들에게 서비스 기획의 개념을 설명해줄 때 즐겨 사용하는 표현이 되었다.

> 서비스 기획이란 상품을 직접 다루는 일은 아니지만, 고객이 더 편리하게 쇼핑을 할 수 있도록 만들어준다. 마트에서 주차장 입구를 넓게 만들어 운전에 익숙하지 않은 주부들이 더 쉽게 방문할 수 있도록 만드는 일, 상품을 진열하는 진열대를 어떻게 배치해야 고객의 동선이 좋아질지 고민하는 일 등

이 그것이다. 상품 외에 다른 부분에서 고객을 지원하는 아주 중요한 일이다.

모듈화로 매장 자동화를 구현하다

서비스 기획자는 여러 고객들의 필요와 니즈를 잘 파악하고, 현 상황의 개선점을 정리하여 기획자의 의도에 따라 서비스와 플랫폼을 개선하는 일을 한다. 서비스 기획자에게 '고객'이란 우리 쇼핑몰에 방문해서 물건을 구매하는 소비자뿐만 아니라 내가 설계한 플랫폼을 사용하는 MD와 사업부원들, 그리고 부서장 등 '내부 고객'도 포함된다.

입사하고 얼마 지나지 않아 CJmall을 전면 개편하는 미션이 주어졌다. 당시 주요 개편 방향은 매장 자동화 시스템을 설계하는 것이었다. MD는 고객들에게 상품을 보다 잘 보여줄 수 있도록 다양한 매대들을 기획하는데, 이 매대를 '모듈'이라고 부른다. MD가 영업 전략과 계획에 따라 세부 카테고리와 모듈 등의 사용 여부를 자율적으로 결정할 수 있도록 자동화 시스템을 개발하는 것이 골자였다.

특히 MD와 운영자가 수작업으로 상품을 노출시키지 않더라도 상품이 특정 로직을 통해 자동적으로 노출될 수 있도록 설계해야 했다. 자칫 MD와 운영자가 상품 전시를 놓치면 고객은 텅 빈 모듈을 보게 되기 때문이다. 이러한 실수들이 노출되면 고객들은 운영이 잘 안 되는 사이트라는 부정적인 인식을 가질 수 있다.

커머스 기획의 일차적 목표는 '돈 되는 기획'을 만드는 것이다. 쇼핑몰 사이트에서 고객의 사용성을 높이기 위해서 UI를 개선하는 등의 기획 작업들 또한 고객들이 방문해서 편하게 쇼핑하라는, 즉 판매 활동에 목적을 두고 있다. 따라서 기획자는 늘 고객 관점에서 생각해야 한다. '공감'이 없는 결과물은 실패한다. 고객과 공감하려면 기획자의 지식과 경험에만 기대서는 부족하다.

모듈화를 중심으로 했던 2006년 쇼핑몰 전면 개편은 내부 MD들의 호평을 받았을 뿐만 아니라, 실제로 고객의 쇼핑몰 내 활동과 매출 증대에 기여하면서 성공한 리뉴얼로 평가되어 2006년 전체 사업부의 주요 뉴스로 연말행사에서 회자되었다.

업계 표준이 된 한 페이지의 예술

쇼핑몰에서 내가 가장 중요하게 생각하는 화면이 있다면 '주문서'다. 주문서는 고객 이탈이 가장 많이 일어나는 단계다. 고객이 사이트에 방문해서 상품을 탐색하고 그 많은 상품 중에 하나를 골라 물건값을 치르기 위해서 주문서까지 이동하는 일련의 과정은 참 감사하면서도 경이로운 일이다. 쇼핑몰에서 그 많은 과정의 수고로움을 거치면서 상품을 구매하는 고객들을 위해 모든 쇼핑 과정은 편리해야 하며, 고객이 기분 좋게 쇼핑을 할 수 있는 서비스를 만드는 것이 바로 기획자의 일이다.

고객이 주문서까지 무사히 도착했다면 주문 과정은 명확하고 짧아야 한다. 주문서는 단 한 페이지로 이루어져 있기 때문에 화면의 처음부터 마지막의 '주문하기' 버튼에 이르기까지 빈틈없이 고객이 확인해야 할 사항을 가독성 있게 알려주어야 한다. 고객이 입력해야 하는 항목들을 불편함 없이 입력할 수 있도록 설계해야 하는 것은 기본이다. 또한 고객이 받을 수 있는 혜택이 무엇이며 어떻게 받는지, 그래서 결국 고객은 얼마를 할인받았고 실제로 얼마를 지불해야 하는지 명확하게 표시해야 한다. 따라서 페이지상의 문구, 버튼의 위치, 이미지의 배치 하나하나까지 신중에 신중을 기해서 기획해야 한다.

2007년 부서 내에서 'UX[User Experience] 학습조직'이라는 스터디 그룹이 만들어졌다. 기획자, 디자이너, 분석 전문가 등이 그 멤버였는데, 그 당시 온라인 쇼핑에 익숙하지 않은 고객들을 위한 UI 개선이 활동 목표였다. FGI[Focus Group Interview](표적집단면접 : 소수의 응답자와 심층적인 면접을 통해 정보를 찾아내는 방법)에서 고객에게 상품을 구매하는 과제를 준 뒤, 실제로 쇼핑하는 모습을 비디오로 남겨 분석하는 사용자 테스트 등을 실시하며 보다 과학적이고 실증적인 개선을 위한 분석 활동을 했다.

이런 고객 분석을 통해서 도출된 인사이트[insight]를 기초로 주문서 기획을 했다. 그때 나의 기획 콘셉트는 '한 페이지의 예술'이었다. 최근에는 기술이 발달해서 주문서에 많은 부가 기능을 넣어도 개발에 부담이 없지만 당시는 고객이 편하게 사용하면서도 개발이 어렵지 않도록 UI를 설계하는 것이 쉽지 않았다. 주문서는 돈거래와 연동되는 부분이기 때문에 개발팀을 설득하기가 무척 어려웠다. 오류가 나면 그 책임이 고스란히 그들의 몫으로 돌아가기 때문이다. 그래서 개발팀을 설득하는 데 많은 시간을 할애했다.

거의 6개월이 걸려서 주문서를 개편했는데, 그 이후 롯데닷컴에서 근무하고 있던 옛 동료의 전화를 받았다. 롯데닷컴 사장이 CJmall 주문서 기획자를 스카웃하고 싶어 한다는 것이다. 지금까지 온라인 쇼핑 전문가로서 20년 가까이 이 길을 걷고 있지만, 그 전화를 받았을 때의 기분은 여전히 잊을 수가 없다. CJmall 주문서 리뉴얼 이후 그 주문서는 업계 표준이 되어 여러 사이트에서 벤치마킹을 했고, 유사한 주문서가 많이 나왔다. 기획자로서 보람되고 자랑스러운 일이었다.

V-커머스를 향한 도전

CJmall에서 기획했던 여러 가지 결과물 중 가장 아쉽고 미련이 남는 게 있다면 동영상 커머스와 라이브 서비스다. 최근 유튜브 등의 활성화로 V-커머스Video Commerce(비디오 커머스)가 다시 주목받고 있는데, CJmall은 스마트폰이 보급되기 전부터 동영상 커머스와 라이브 서비스에 관심을 가지고 꾸준히 도전했다. 이를 구현하기 위해 여러 PD들과도 협력을 했지만 동영상 콘텐츠를 통해서 고객을 설득하여 주문하도록 만드는 일은 정말로 어려운 과정이었다.

이때 다양한 라이브 서비스가 시도되었다. 내가 기획했던 것은 라이브 경매 방식의 서비스였다. 예술품 경매에 착안하여 기획한 서비스로, 고객들이 라이브 시간에 방문하여 상품에 대한 설명을 듣고 실시간으로 채팅을 하면서 경매에 참여하는 형태의 서비스였다. 일주일 동안 서비스 테스트를 진행했는데 그 당시 유행했던 명품 가방, 닌텐도 DS, 해외 브랜드 테이블 웨어 등의 상품이 경매로 나왔다. 고객의 폭발적인 인기를 끌었으나 결과적으로는 운영상 계속 유지하는 것이 어려워 서비스를 지속할 수가 없었다. 그래서 동영상과 라이브 커머스는 나에게 지금도 도전해서 정복해야 할 과제로 남아 있다.

2

초보 과장 MD에서 1등 MD가 되기까지

이커머스 전문가에 도전하다

2006년 성공적인 CJmall 전체 리뉴얼을 마무리하고, 이듬해 프론트 페이지 운영이라는 업무를 맡았을 때 회사에서 성과를 내는 직원이 되려면 상품에 대한 이해가 필요하다는 것을 느꼈다. 프론트 페이지 운영이란 상품 관련도가 큰 업무로, 어떤 상품을 어디에 노출할 것인지를 결정하고 실행하는 업무다. 상품의 노출은 상품의 판매실적과 직결되는 활동이기에 운영자의 역할이 상당히 중요하다. MD들은 모두 하나같이 자기 상품이 대박을 낼 거라고 나를 유혹했고, 상품을 보는 시각이 부족했던 나는 어떤 기준으로 고객에게 제안할 상품을 결정해야 할지 매일이 고민의 연속이었다.

기획자로서 2차 리뉴얼을 진행하면서 MD들과 무수히 많은 인터뷰를 하고 커뮤니케이션을 했는데, 그래도 무엇인가 부족하다는 업무적인 갈증은 여전히 가시지 않았다. 상품을 접해본 경험이 없다는 것이 이커머스 업계 종사자로서 핵심 업무 경력이 비어 있다라는 부족함을 느끼는 계기가 되었다.

서비스 기획 과장, 상품팀 초보 MD 되다

2009년 나는 과장으로 승진했고, MD로서 새로운 도전을 시작했다. 온라인 쇼핑 기획과 운영 업무를 하는 후배들에게 내가 항상 하는 말이 있다. "무엇이든 자산이 되니 경험하라" "아무리 작은 일이라도 하찮게 생각하지 말고 도전해보라" 그리고 "매너리즘에 빠질 때도 있다. 다른 업무에 도전하는 것도 큰 도움이 될 것이다"라고 말이다. 이커머스 전문가로 커리어를 정하고 나니, 과장이라는 결코 가볍지 않은 직급으로 신입 MD에 도전하는 것에 대한 두려움을 이겨낼 수 있었다.

오랫동안 고민한 끝에 나는 해외 구매 대행 MD가 되었다. 과장이라는 직급을 달고 신입 MD로 일하기란 쉽지 않았다. 하나부터 열까지 스스로 부딪혀서 깨우쳐가며 서서히 일을 배워나가야 했다.

진짜 시련은 그해 F/W시즌에 찾아왔다. 패션 제화 MD가 갑작스럽게 퇴사하여 제화 카테고리에 공백이 생겼다. 나는 그 자리에 급하게 투입되어 8월 중순부터 패션 제화 MD 업무를 시작했다. 패션 제화는

9월부터 다음 해 1월까지 약 4개월가량이 극성수기다. 이때 한 해 매출의 60퍼센트 이상을 달성해야 해서 목표도 상당히 높고 업무량도 상당하다. 게다가 제화 카테고리에서 우리팀 최초로 직매입을 하기로 이미 결정되어 있는 상태였다. 그리하여 비용의 집행에서부터 상품의 입고를 포함한 판매전 프로세스와 판매 및 사후 관리까지 모든 업무가 오롯이 나만의 몫이 되었다. 상품의 물류센터 입고를 위해서 무엇을 챙겨야 할지조차 모르는 너무나 무지했던 나는 일정을 맞추지 않는 판매자와의 힘겨루기에서 지쳐 판매자와 전화를 끊고 그 자리에서 엉엉 울어버린 적도 있었다.

상품차별화로 승부수를 던지다

MD에게는 크게 매출 목표와 이익 목표가 있는데, 종합몰 특성상 이익을 내기 어려운 구조이기 때문에 일반적으로 시장점유율MS, Market Share을 키워 상품의 선순환 구조를 만드는 쪽에 집중한다. 그러나 나는 사업의 본질은 지속 가능한 성장이라고 보고, 매출 목표 달성과 동시에 이익 목표는 초과 달성하기로 결심했다. 본격적으로 제화 카테고리를 맡고 보니 두 가지를 모두 달성하기 위한 새로운 영업 전략이 필요했다.

이런 전략적인 판단을 기초로 매출 및 플러스 영업이익 달성을 위해서 세 가지 전략 방향을 수립했다. 첫째는 판매자를 세 개 그룹으로 나누고 관리하기, 둘째는 직매입을 통한 이익 개선하기, 마지막이 TV

등 판매 채널 확대하기였다.

나는 제화 카테고리의 모든 판매자 리스트를 준비해서 판매자별 연간·월간 매출 실적, 마진, 그리고 배송 형태 등의 데이터를 파악하고 판매자를 크게 매출군, 이익군, 구색군으로 나누어서 관리를 다각화하기로 했다. 세 그룹의 모든 판매자들과 상품 기획 및 운영 방안, 마케팅 전략을 협의해 나가기 시작했다.

당시 우리 팀에서는 시장에 처음으로 소개된 베어파우Bear Paw를 직매입하여 판매했다. 베어파우는 중저가 양털 방한 부츠로 시즌 초부터 반응이 뜨거웠는데, 그만큼 여러 쇼핑몰에서 경쟁하듯 상품을 선보여 곧 가격 경쟁이 치열해졌다. 대형 쇼핑몰마다 쿠폰을 경쟁적으로 붙여 나가며 최저가 경쟁을 했다. 나는 가격 경쟁 외에 다른 방법으로 승부할 수 없을지 고민했다. 고객에게 가격 외에 이 상품에 더해서 줄 수 있는 '가치'가 무엇인지 고민했고, 그 결과 상품의 구성 차별화를 통해서 가격 경쟁을 피하고 고객에게 추가적인 가치를 판매하기로 했다.

양털부츠는 겉면은 양가죽 또는 소가죽 스웨이드로 되어 있고 신발의 안쪽이 바닥면까지 양털로 덮여 있어 보온은 탁월했으나 겉면의 스웨이드 가죽이 습기에 취약한 단점이 있었다. 눈이 온 겨울에 양털부츠를 신으면 딱 좋았지만, 어떤 날은 눈 때문에 부츠가 젖어 안쪽의 양털까지 축축해지기도 한다. 나는 실리카겔이 들어 있는 부츠키퍼Boots Keeper에 주목했다. 목이 긴 양말 모양처럼 생긴 부츠키퍼는 벗어둔 부츠의 모양을 유지해주면서 실리카겔이 수분을 빠르게 흡수하여 젖은 양털부츠를 말리는 데 효과가 컸다. 나는 부츠키퍼를 매입하여 베어파우에 추가구성 상품으로 기획하고, '베어파우 블랙라벨'이라 이름 붙여 새롭게 고객에게 선보였다.

부츠키퍼를 포함한 가격은 당연히 단품 부츠보다는 비쌌지만 과도한 쿠폰 경쟁에서 벗어날 수 있는 계기가 되었고, 오히려 '부츠+부츠키퍼' 복합구성의 상품이 훨씬 빠르게 소진되어 시즌 말에는 재고가 없어 못 파는 상황에까지 이르게 되었다. 시즌은 정말 눈코 뜰 새 없이 바빴지만, 고생한 만큼 성공적인 마무리를 할 수 있었다.

초보 MD, 2년 만에 1등이 되다

2011년 이재현 회장이 CJ오쇼핑을 방문했다. 그때 이재현 회장과 함께하는 MD 미팅에 나도 참석하게 되었다. MD들의 업무 내용과 지원이 필요한 사항을 보고받은 이재현 회장의 지시사항은 'MD 역량을 강화하고 조직구성원의 경쟁력을 높이기 위해서 1억 원 매출을 달성하는 MD를 만들라'는 것이었다. 이에 회사는 연말에 있던 인센티브 포상을 연 2회로 늘리고 성과를 낸 MD들에게 파격적으로 인센티브를 주는 제도를 시행했다.

이익 창출을 기반으로 한 매출 확대 전략으로 성과를 거둔 나는 시행 첫 번째로 온라인 MD 1등 인센티브를 받았다. 온라인에서 최초로 매출과 이익을 초과 달성한 MD로서 1등을 했다는 영광은 내 경력에서 큰 자부심이 되었다.

3

글로벌 쇼핑 컬처의 경험

해외 이커머스 시장을 경험하다

CJ그룹은 특히 글로벌 진출을 중요시하는 회사로, 2012년 당시 CJ오쇼핑 또한 해외 진출을 활발히 하고 있었다. 2004년 설립한 상하이의 동방CJ는 한국 홈쇼핑의 성공적인 해외 진출 모범사례로 널리 알려져 있다.

e패션사업팀에서 근무를 하던 중 글로벌본부로 오지 않겠느냐는 제안을 받았다. 2004년부터 시작된 글로벌 사업이 어느 정도 성과를 거두면서 사업의 고도화와 확장을 해야 하는 제2단계 사업 도약 시기가 온 것이다. TV 홈쇼핑을 통해서 고객을 확보하고 매출 기반을 마련한 해외 사이트들은 온라인 쇼핑 기반을 성장시켜야 했고 업무 경력자

가 필요했다. 기획과 매장 운영, 그리고 상품 판매까지 다양한 직무를 거치고 외국어를 할 줄 알았던 나는 글로벌 사업부서가 찾는 적임자였다. 나 또한 글로벌 사업에 관심이 많았기 때문에 새로운 도전 제의를 흔쾌히 수락했다. 이렇게 나의 글로벌 이커머스 시장에 대한 경험이 시작되었다.

CJ오쇼핑의 6개국, 8개 사이트 중 나는 중국의 3개 지역(상하이의 동방CJ, 톈진의 천천CJ, 광저우의 남방CJ)과 일본, 베트남, 터키, 태국까지 5개국 7개 사이트를 경험했다. 기존 TV 홈쇼핑 사업을 하고 있는 곳에서는 진행 중인 온라인 쇼핑 사업의 진단과 컨설팅, 개선기획을 진행했고 터키처럼 신규로 시작하는 곳에서는 온라인 쇼핑 플랫폼 구축을 담당했다.

해외 이커머스 업무는 새로움의 연속이었다. 익숙하지 않은 언어의 사이트들을 조사하면서 현지에서는 외국인 동료와 소통하며 업무를 진행했다. 나의 글로벌 동료들은 감사하게도 한국에 대해서 우호적이었고, 언제나 환대해주었다.

한국에서의 경험, 그 장점과 한계

2012년만 해도 한국은 앞서가는 IT 국가로 중국, 동남아, 일본 등에서 한국의 IT 기술과 온라인 유통 사업을 배우고자 하는 열망이 컸다. 현재 4차 산업혁명의 기술 기반 환경에서는 이전처럼 한국이 주도권을 잡지 못하는 상황이지만 여전히 한국은 온라인 유통에 성공한 DNA와 역사를 가지고 있는 훌륭한 IT 기술 국가에 속한다.

여러 나라의 인터넷 환경과 사용자 특성, 쇼핑몰 등을 분석하면서 인터넷 사이트와 쇼핑몰은 문화적인, 민족적인 산물이라는 사실을 알게 되었다. 인터넷에서 원하는 자료를 검색하고, 온라인 쇼핑몰에서 상품을 구매하면 된다는 이 단순한 명제가 각 국가적인 특성을 만나면 기술이 적용되는 분야들, 사이트의 UI와 디자인 스타일까지 완전히 다르게 구현되었다. 내가 당연하다고 생각했던 것들조차 내가 익숙하기 때문에 그렇게 느끼는 것이지, 당연한 것은 아무것도 없었다.

일반적으로 한국의 인터넷 사이트에 접속해보면 주로 로고는 좌측 상단에 있고, 약관 페이지 등에서 동의 버튼은 오른쪽에 위치하고 있다. 그렇다면 한국이 아닌 다른 나라는 어떨까?

두바이 웹사이트 두바이 웹사이트는 로고가 오른쪽 상단에 위치한다. 아랍어는 진행 방향이 오른쪽에서 왼쪽으로 진행되기 때문에 아랍어 문화권 사람들의 시선이 가장 먼저 닿는 위치가 오른쪽 상단이기 때문이다.

두바이에서 연수를 하고 돌아온 동료가 두바이의 웹사이트를 보여주었는데 정말 나의 선입견이 단번에 뒤집어지는 계기가 되었다. 두바이에서 사용하는 아랍어는 한국어나 영어, 중국어, 일본어와는 다르게 오른쪽에서 왼쪽으로 글씨를 쓰고 또 그렇게 읽는다. 한국에서 사이트의 로고 위치를 왼쪽 상단에 배치하는 이유는 시선이 시작되는 지점이기 때문이다. 그러나 두바이의 웹사이트는 로고가 오른쪽에 있었다. 두바이에서는 글을 오른쪽에서 왼쪽으로 읽기 때문에 가장 먼저 눈에 들어오는 위치가 오른쪽 상단이기 때문이다.

현지의 인터넷 생태계를 이해하자

복잡하고 어려운 소스 코드까지 갈 것 없이 고객의 접점에 있는 UI만 봐도 그 지역색이 분명히 존재한다. 이 지역색은 주로 나라별 인터넷 인프라와 IT 기술 발전 방식의 차이에서 온다.

가령 한국은 인터넷 회선 인프라가 일찍부터 깔려 지금은 세계에서도 손꼽는 접속 속도를 자랑한다. 용량이 큰 이미지도 빠르게 로딩할 수 있기에 한국의 웹사이트들은 텍스트보다는 이미지가 많고 플래시 기술 등 주로 사이트의 GUI Graphic User Interface(그래픽 사용자 인터페이스) 측면에서 많이 발달했다.

반면 넓은 영토 때문에 인터넷 회선의 인프라 구축이 어려운 중국은 스마트폰의 대중화 이후 비약적인 IT 기술 발전을 일구어 PC 기반

유선 인터넷보다 모바일 인터넷이 더 발전한 국가다. 그리고 여전히 유럽의 여러 국가들은 인터넷 속도가 느리기 때문에 최대한 이미지 사용을 지양하고 텍스트 위주로 가볍고 소박하게 사이트를 구성한다.

소비문화가 유통 구조에 끼치는 영향

각 나라의 온라인 쇼핑몰 사이트 또한 문화적인, 사회적인 특성들을 반영한다는 점에서 무척 흥미롭다. 오프라인 유통 구조에 따라서 나라별 온라인 쇼핑 플랫폼에서의 중점 차별화 서비스가 달라진다.

한국에서 지금과 같은 거대 공룡 '아마존'이 탄생할 수 있었을까? 미국은 인구수에 비해 국토가 커서 슈퍼나 마트가 집에서 멀리 떨어져 있는 지역이 많다. 오프라인의 접근성이 떨어지기 때문에 아마존과 같은 대형 온라인 쇼핑 플랫폼이 탄생할 수 있는 것이고, 미국이나 중국과 같이 영토가 넓은 나라에서는 배송과 물류에 온라인 쇼핑의 경쟁력이 있다.

동남아시아에는 여전히 COD[Cash on Delivery]로 지불하는 비중이 높다. 즉 배송기사가 상품을 들고 집에 방문하면 그 상품을 확인하고 배송기사에게 물건값을 지불하는 결제수단이 존재한다. 거의 모든 가게에서 신용카드 결제가 가능한 우리나라에서는 상상도 못할 일이지만, 인터넷 결제 서비스가 발달하지 않은 동남아시아에서는 여전히 일견 낙후되어 보이는 결제수단을 온라인 쇼핑몰에서도 주요 결제수단으로 제공하고 있는 것이다.

민족적 성향에 따라서도 다른 부분이 있다. 일본에서 사이트 리뉴얼 기념 프로모션을 기획해 진행할 때의 일이다. 프로모션의 주요 혜택이 '배송비 무료'였기에 나는 한국에서 하던 것처럼 상품 이미지 배너 하단에 기존 가격을 표기하고 할인가격을 크게 노출하는 것으로 기획안을 마무리했다. 그러자 일본에서 오래 근무한 선배가 기획안을 수정하라는 의견을 주었다. 일본에서는 사이트 메인 페이지에 가격할인 정보를 바로 보여주지 않고, 할인이 있다는 은근한 문구로 고객을 유도하고 실제 상세 화면 등에서 할인가격을 표시해준다고 했다. 타인에게 속마음을 잘 드러내지 않는 일본인의 성향이 온라인 쇼핑몰에도 그대로 투영되는 것이었다.

이처럼 물건을 살펴보고 구매하는 활동은 만국 공통이지만 그 속에서 분명히 다른 부분들이 있고, 이러한 차이는 그 나라와 민족을 구성하고 있는 수많은 요소 속에서 발현되는 문화적인 산물이다. 외국인 동료들과 현지에서 해당 국가의 고객 대상 서비스를 기획하고 론칭하면서 몸소 체험하고 경험한 부분이었다.

4

온라인 쇼핑의 패러다임을 뒤집은 모바일 속으로

모바일 시대 이전의 모바일 도전기

나와 모바일과의 만남은 월드컵 열기로 대한민국이 뜨겁게 달아올랐던 2002년에 시작되었다. 현재 nate.com으로 운영되고 있는 포털 사이트 네이트가 2001년 처음 오픈했는데, 그때 네이트는 '유무선 포털'이었다. PC와 PDA, 휴대폰 세 가지 디바이스에서 접속이 가능한 통합 서비스였다.

그 당시는 휴대폰이 현재와 같은 스마트폰이 아니라 화면이 훨씬 작은 휴대폰이었다. 휴대폰을 켜면 'nate'라는 메뉴(버튼)가 기본으로 탑재되어 있었고, 그 메뉴를 선택하면 SK텔레콤의 무선인터넷 사이트로 바로 연결되었다. 현재와 같이 스마트폰에서 브라우저를 통해서 여러 사이트로 이동한다든지 앱을 직접 설치해서 이용하는 구조가 아니라 무선인터넷망을 독점하고 있던 통신사의 서비스만 사용하도록 하는 폐쇄적인 구조였다. 그러한 폐쇄형 구조에서 '망 개방'이라는 화두가 지속적으로 거론되고 있던 상황이었기 때문에 이동통신 사업자들은 자사의 포털 영향력을 계속 지켜나가고 콘텐츠 수익을 유지하기 위해서 망 개방에 반대하며 유무선 통합서비스와 같이 자사의 포털 서비스를 강화했다.

지금 돌이켜보면 PDA의 발전된 버전이 현재의 스마트폰이지만 그 당시의 PDA는 일반인이 쉽게 사용하기는 어려운 디바이스였다. 데이터를 동기화하는 등의 조작이 쉽지 않아서 동영상으로 PDA 사용 팁 등을 꾸준히 제작해서 서비스해야 했다. 개방형 운영체계를 갖춘 PDA에서 독점 서비스를 하려면 전용 브라우저가 필요했는데, 나는 브라우저 기획부터 내부 콘텐츠 UI 구조까지 설계하고 운영하는 일을 담당했다.

PDA에서 사용할 브라우저를 기획하면서 UI 사용성에 대해서 더 관심을 가지게 되었는데, 작은 무선 화면에서 고객의 동선을 고려하여 직관적인 UI를 설계하고 최적화하는 일이 도전적이면서도 재미있었다. 그때 혼자 공부하면서 HCI[Human-Computer Interaction](인간과 컴퓨터 간 상호작용에 대한 연구)와 같은 학문이 존재한다는 사실도 알게 되었다. 그러나 PDA 서비스는 웹이나 WAP[Wireless Application Protocol](무선 응용 통신 규약 : 모바일 환경에서 네트워크에 연결할 수 있도록 하는 기술) 서비스 대비 가입자 수가 기대만큼 늘지 않았고, 운영 및 유지보수에는 지속적으로 자원이 투입되었다. 결국

SK텔레콤은 WAP 화면을 PDA 브라우저 안에 삽입하면서 PDA 디바이스 서비스를 휴대폰화했다. 사실상 PDA 서비스를 종료한 셈이다.

이제 와서 생각해보면 PDA 환경에서의 서비스 개발에 대한 경험과 시사점들을 보다 개방된 시각에서 분석하고 개선해나갈 수 있었다면 한국에서 애플과 같은 혁신적인 디바이스가 먼저 탄생하지 않았을까 하는 아쉬움이 있다.

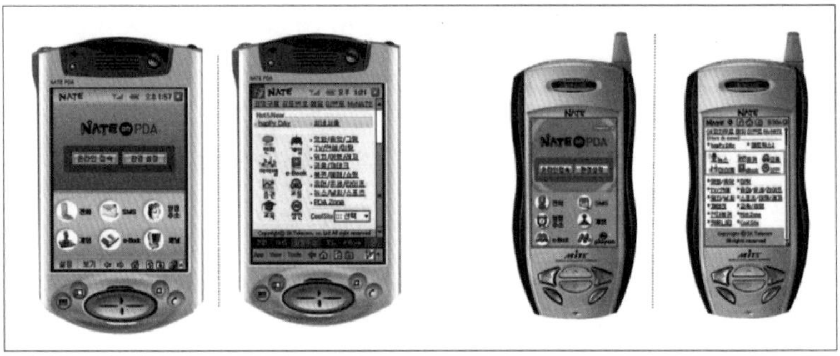

PDA 브라우저 비교 PDA포털 PC 버전(좌), HP iQPQA용 브라우저와 서비스(중), Palm용 브라우저와 서비스(우)

아이폰의 등장, 내 인생의 러브마크

2007년 애플의 아이폰이 등장했다.

아이폰을 처음 써본 날 그 충격을 아직도 잊을 수 없다. PDA는 포털을 기획하고 운영하던 나조차도 조작이 쉽지 않았는데 아이폰의 기능과 메뉴 조작은 너무나도 직관적이어서 '아, 이런 것이 진짜 UI구나'라는 것을 깨달았다. 그리고 스스로 서비스 기획자라며 가지고 있던 자부심과 자신감을 다시 돌아보며 좀 더 겸손하게 배워나가야겠다는 다짐을 하는 계기가 되었다.

아이폰은 모바일 시장의 트렌드를 완전히 바꿔놓았다. 유려한 외관과 쉬운 조작, 그리고 한눈에 시선을 끄는 '애플' 로고까지. 현재는 국내 스마트폰 시장의 50퍼센트가 안드로이드 OS의 삼성전자가 차지하고 있고, 전 세계 스마트폰 보급률 또한 화웨이가 애플을 따라잡았지만 아이폰은 여전히 내게 단 하나의 '러브마크Love Mark'다.

'러브마크'는 글로벌 광고회사 사치앤사치Saatchi & Saatchi의 캐빈 로버츠가 쓴 《러브마크》라는 책에 나오는 말로, '소비자가 이성과 가격을 뛰어넘는 충성도를 보이는 브랜드'를 말한다. 어떤 브랜드가 소비자에게 러브마크가 되면 그 소비자는 그 브랜드에 대한 열렬한 지지자가 된다. 그래서 그 러브마크 브랜드가 출시하는 제품에 대해서 가격이나 스펙 등 이성적이고 경제적인 판단에 앞서 무조건적으로 충성하고 사랑을 표현하는 가장 강력한 충성도를 보인다는 개념이다. 내게는 그 러브마크가 애플이다.

모바일 플랫폼이 대세가 되다

내가 이커머스 업무를 처음 접한 건 2013년 글로벌 사업 부서에서 모바일 기반의 패션 사업을 준비하면서부터였다. 모바일 특유의 위치 기반 서비스, 이동성, 휴대성, 편의성 등 라이프 디바이스로서의 특징을 활용한 여러 스타트업들이 우후죽순처럼 생겨났다. 공유경제 등의 새로운 개념을 토대로 삼은 우버, 에

어비앤비 등과 같은 기존에 없었던 비즈니스 모델이 성과를 나타내던 시기였다. 나는 지금과 같은 유통 공룡의 등장, 신경제 비즈니스 모델 등의 뿌리가 모바일이라고 생각한다. 모바일은 이제 인간의 신체 일부, 삶의 일부분이 되었다.

2015년 TV 홈쇼핑 중에서 '모바일 No.1'이라는 비전을 가진 홈앤쇼핑 모바일 기획팀으로 입사하게 되면서 본격적으로 모바일 쇼핑 업무를 하게 되었다. 홈앤쇼핑은 기존 TV 홈쇼핑에 익숙한 고객을 우선 모바일로 이동시켜 모바일 환경에 익숙해지게 만들고, 앱 사용 충성도를 높이고 고객이 오래 머무르고 재방문하게[lock-in]하여 모바일 쇼핑 업계 1위가 되겠다는 비전이 있었다. 이에 따라 모바일에 대한 선택과 집중을 통해 효율을 높이고, 전사적으로 모바일 플랫폼 비중 확대에 집중하면서 후발주자임에도 불구하고 쇼핑 업계 모바일 플랫폼 운영에서 독보적인 성과를 보였다.

나는 모바일 환경에서 TV 홈쇼핑에 익숙해져 있는 40대 이상의 고객들이 편리하게 서비스를 이용하고 상품을 쇼핑할 수 있도록 상품 선택, 주문서, 동영상 플레이어 등을 기획했다. 전 직장 동료나 혹은 경쟁사로 이직한 동료들이 홈앤쇼핑의 모바일 운영에 대한 질문을 많이 해오는데, 모바일에 모든 역량을 집중하는 자세와 열정이 그 성취를 이끌어낸 정답이라고 생각한다.

5

중소기업의 해외 판로 개척에 뛰어들다

대한민국에서 수출의 의미

천연자원도 척박하고 조상으로부터 물려받은 자산도 많지 않은 나라, 전 세계에서 국가 크기로는 208개국 중 111위에 불과한 나라가 대한민국이다. 출발부터 열세인 상황에서 국내총생산GDP 세계 10위권을 목전에 둔 국가로 성장하는 데는 '수출'이 결정적인 역할을 했다. 중소기업벤처부의 중소기업 통계에 따르면 대한민국은 2018년에 수출 6,055억 달러를 달성하며 사상 최대의 실적을 기록했다. 이는 미국, 독일, 중국, 일본, 네덜란드, 프랑스에 이어 세계에서 7번째 기록이며 수출 규모로만 보면 세계 6위다.

5,000만 인구의 내수시장만으로는 경제 성장에 한계가 있기에 상품

의 해외 판매를 확대해나가야 국내의 기업들이 지속적으로 성장할 수 있다. 그만큼 대한민국에서 수출이 가지는 의미는 크기에 국가적으로 수출을 지원하고 장려하기 위한 많은 기관과 정책이 존재한다.

중소기업의 해외 판로를 개척하다

홈앤쇼핑은 중소기업의 유통 채널을 지원하는 것을 중요 경영 목적 중 하나로 삼고 있어 회사 내에 중소기업의 해외 판로 개척을 지원하는 업무를 하는 부서가 있다. 내가 담당하고 있던 온라인 쇼핑과는 좀 다른 영역이었지만 2018년 e글로벌팀의 팀장으로 발령받아 그 업무를 맡게 되었다.

2018년 홈앤쇼핑은 새로운 도약을 위해서 글로벌 시장으로 적극 진출한다는 비전을 수립했고, 그에 따라 기존 해외 판로 지원사업을 확대를 계획했다. 보다 적극적이고 공격적으로 중소기업의 해외 판로를 개척해 중소기업과 함께 뻗어 나가는 온라인 유통 사업의 미래를 만들어내야 하는 중요한 일을 다시금 맡게 된 것이다. 마음은 설레었고, 어깨는 무거웠다.

기회의 땅, 해외 이커머스 시장

중소기업벤처부의 통계 자료에 따르면, 2016년 기준으로 대한민국에는 약 370만 개의 중소기업이 존재하고 1,700만 명의 인력이 중소기업에서 근무하고 있다. 이처럼 많은 중소기업들에 해외 판매의 기회를 제공할 수 있는 방법 중 하나가 온라인 쇼핑이다. 이에 따라 해외 온라인 쇼핑 플랫폼에 중소기업의 상품을 소개하는 방안이 전략적으로 고민되었다. 온라인 쇼핑 플랫폼 특성상 많은 상품을 해외 고객들에게 소개할 수 있는 장점이 있고, 빠르게 해외 고객 반응을 확인할 수도 있다. 또한 상품평을 포함해 직접적이고 생생한 피드백을 받을 수 있다. 즉 단순히 상품을 판매할 수 있을 뿐만 아니라 해외 소비자를 이해할 수 있는 귀한 자료를 획득할 수 있는 것이 큰 이점이다. 플랫폼에 상품 등록만 하면 수출 등은 역직구로 간소화되기 때문에 투자 비용적인 측면에서도 부담이 없다.

해외 이커머스 시장은 기회의 땅이다. 그래서 이커머스 사업자들은 플랫폼의 거점을 확대하려 노력 중이다. 중국, 대만, 일본 등 아시아권 국가를 우선적 타깃으로 삼고 있지만 전 세계 어디든 못 갈 곳이 없다. 또한 지역 특성에 따라 필요로 하는 상품이 다르고, 고객의 니즈가 다르기 때문에 어느 한 국가에서 반응이 없는 상품이 다른 나라에서도 비슷한 반응일 것이라고 섣불리 판단하기 어렵다. 해외 국가의 플랫폼을 계속 넓혀가며, 보다 많은 지역의 고객들을 위한 언어가 지원되고 배송이 되는 글로벌 플랫폼을 확보하여 곳곳으로 판로를 확대해 나가는 것이 앞으로의 과제다.

대만 최대의 할인행사, 쐉스이

2018년 11월은 홈앤쇼핑의 본격적인 글로벌 사업이 시작된 해이면서, 대만 최대의 온라인 쇼핑 플랫폼과 함께 대만 쐉스이 행사에 참여한 뜻깊은 해였다. 보통 한국에서 중화권 온라인 쇼핑 플랫폼에 진출할 때는 중국의 티몰, 징둥 등 이미 국내 기업들이 진출한 사례가 있는 플랫폼을 선택한다. 시행착오를 최소화할 수 있고 검증이 완료된 안전한 선택이기 때문이다.

그러나 중국의 티몰이나 징둥 등 PC 기반 온라인 쇼핑 플랫폼에 진출한 기업들의 사례는 이미 너무 오랜 과거가 되어버렸다. 최근에는 모바일 플랫폼이 우세해 모바일 시장으로 진출해야 하는데, 이러한 사례들은 국내에서 흔치 않았기 때문에 홈앤쇼핑은 새로운 도전을 해야 했다. 홈앤쇼핑에서는 한국 기업 최초로 피씨홈PChome이라는 대만 최대의 전자상거래 기업과의 협력을 통하여 2018년 11월 11일에 한국 중소기업의 이미용상품 수출과 피씨홈 내 상품판매를 시작할 수 있었다.

대만에서는 3년 전부터 11월 11일 쐉스이를 온라인 쇼핑 시장의 최대 할인행사로 대대적인 준비를 한다. 쐉스이가 다가오면 행사 홍보와 상품 판매를 위한 다양한 이벤트와 프로모션이 진행된다. 피씨홈에서는 쐉스이 홍보를 위해서 피씨홈의 창립자이자 대만 총통의 미디어 자문인 잔홍즐Hung-Tze Jan의 요리 퍼포먼스를 비롯하여 대만을 대표하는 왕홍, 피씨홈의 우수 고객들을 초청한 콘서트 행사 등을 진행했다. 홈앤쇼핑은 피씨홈에 이미용상품을 입점시키면서 동영상 콘텐츠를 제공했고, 피씨홈에서는 페이스북, 유튜브 등을 통해 1시간가량 상품 홍보

라이브를 진행하면서 쐉스이의 분위기를 한껏 고조시켰다. 대만 백화점을 방문했을 때 1층 화장품 코너에 글로벌 명품 브랜드들과 어깨를 나란히 한 많은 한국 브랜드들을 볼 수 있었다.

2018년 대만 쐉스이 현장 오후 미디어 프레스 행사에는 대만 라인, 일본의 수출회사, 한국의 홈앤쇼핑 등이 초청되어 잔홍즐 회장이 요리한 오찬을 함께했다. (출처: 'PChome 雙 11 首波活動業績飆升逾 8 成, LINE 購物助攻增添買氣', 〈TechNews〉)

대만 고객들은 전통적으로 내구성 있고 품질이 좋은 일본 제품을 많이 선호했는데, 최근 한류와 미디어의 영향으로 한국 상품의 인기가 상당하다고 한다. 특히 한국 화장품은 품질이 좋고 가격이 좋아서 대만 여성 고객들의 선호가 높고, 김치 등 한국 식품류를 찾는 고객들도 많았다. 대만 시장 진출을 생각하고 있다면 우선 시장 진출을 위한 각종 인증 서류를 갖추고, 미디어를 통해서 상품을 홍보할 수 있는 마케팅 계획을 세워 대만 타깃 고객층을 공략할 수 있도록 한다. 한국에서 상품력을 인정받는 아이템이라면 대만 시장 공략에서 충분히 성공할 가능성이 크다.

3장

이커머스
시장에 어떻게
진입할 것인가

1

이커머스 사업을 시작하기 전에

꼼꼼함, 농업적 근면성

사업을 잘하기 위해서는 '사업가의 기질'이 있어야 한다는 말을 한다. 그렇다면 여기서 말하는 사업가의 기질은 무엇일까? 이커머스 사업을 성공시키는 인적 요인 중 가장 중요한 한 가지를 꼽자면, '농업적 근면성'이라고 할 수 있다.

이커머스 사업자에게는 사람을 만나 영업을 하고, 많은 사람 앞에서 프레젠테이션을 하는 등 어려운 협상을 성사사키기 위한 역량이 요구되지 않는다. 그보다는 얼마나 오랫동안 성실하게 매달려서 하나하나 일궈나갈 수 있느냐가 중요하다. 그래서 대단한 사업가적 기질이 없더라도 시작할 수 있는 일이다. 혼자서 일할 수도 있고, 사업처와의 연락은 전화나 메신저로만 해도 가능하다. 즉 거창한 마음의 다짐은 필요하지 않다는 것이다.

그러나 꼭 필요한 것이 있다. 진정성과 성실함이다. 내가 MD경력 없이도 1등 MD가 될 수 있었던 이유는 진정성과 성실함이 있었기 때문이다. 이커머스 업계에서는 누구나 부딪히면서 익히다 보면 전문가가 된다. 그렇기에 진정성 있게, 성실하게 도전할 마음의 준비만 되었다면 그것으로 이커머스 사업을 할 자질은 충분하다.

배우고자 하는 마음 자세

회사에서 유관부서와 회의 시에 업무 관련 협의를 하면 회의 참석자들이 "무슨 말 하는지 못 알아듣겠다"는 말들을 한다. 이커머스 관련 용어에는 외국어가 많고 IT 기술용어를 포함하여 업계에서만 사용하는 용어들이 많다 보니, 알고 나면 별게 아닌데도 어렵게만 느껴진다.

새로운 용어나 프로세스를 접할 때, 새로운 서비스를 이용해야 할 때 일단 배우고자 하는 마음가짐이 있어야 한다. 용접공이나 도배기술자처럼 방법을 익히면 같은 과정을 반복하여 먹고살 수 있는 업이 있는가하면 계속 배워야만 생존할 수 있는 업도 있다. 이커머스 분야는 배움이 없으면 도태된다. 배우고자 하는 마음으로 부지런히 배우자. 어렵더라도 새로운 것들을 차근차근 익혀나가다 보면 배움에도 탄력이 붙고 습관의 근육이 생긴다.

변화에 대처하는 빠른 실행력

업계가 성장 중이라는 말은 그만큼 업에 뛰어드는 경쟁자가 많다는 뜻이다. 즉 어제의 1등이 오늘의 1등을 보장하지 않는다. 또한 업계의 특성상 빠르게 변화하기 때문에 불과 일 년 전에 잘되었던 상품이나 판매 방식이 더 이상 안 먹히는 경우가 많다. 게다가 내가 통제할 수 없는 상황들, 예를 들어 상품 공급사에 재고가 떨어지거나 공장에 문제가 생기거나 배송사가 파업을 하거나 잘 맞던 MD가 바뀌는 등 셀 수도 없이 많은 변수가 존재한다.

변화에 맞춰 따라가지 못하면 내가 주춤하고 있는 사이에 다른 경쟁자들이 내 자리를 대체해버린다. 이렇게 매출이 한번 하향 곡선을 그리면 무섭게 꺾여서 불과 몇 달 사이에 거의 0에 가깝게 급락하는 경우도 허다하다. 그럴 때는 변화를 긍정적으로 수용하고 빠르게 움직여야 하향 곡선의 그래프를 다시 상승세로 돌려놓을 수 있다. 잘되고 있다고 안심하지 말고 항상 긴장하고 변화의 방향을 예의 주시해야 한다. 빠르게 판단하고 예측하여 신속하게 변화하는 실행력을 갖추어야 업계에서 도태되지 않고 성장의 발걸음을 계속할 수 있다.

고객지향적 마인드

이커머스 전문가는 항상 고객을 먼저 생각해야 한다. 온라인 유통 사업을 하는 사람들은 상품과 판매 플랫폼, MD에 대해서는 늘 생각하면서 정작 고객을 놓치는 경우가 많다. 상품 콘텐츠를 제작하거나 마케팅 문구를 작성할 때, 행사를 기획할 때 판매자인 나를 중심으로만 생각하고 판단하는 것이다.

세상에 나를 위해서 준비된 '나만의 고객'이란 없다. 고객은 설득해서 모시고 와야 하는 끊임없는 노력의 대상이다. 그러므로 고객을 창출하기 위해서 판매자는 반드시 고객 관점에서 생각해야 하고 고객이 필요로 하는 것이 무엇인지를 간파해야 한다. 정말 내 상품이 매력적인가? 고객이 필요로 하는 정보를 제공하고 있는가? 다시 찾을 만한가? 고객 입장으로 생각하면 모든 질문에 대한 답이 나온다.

직원의 일 vs. 사장의 일

사업을 처음 시작할 때는 모든 일을 직접 해봐야 한다. 처음부터 끝까지 챙기고 경험하려면 어려운 점도 많고 놓치는 것도 많이 발생한다. 그렇다고 쇼핑몰 판매에 대한 모든 내용을 사장 스스로 경험해 일정 정도 감을 잡기 전에 업무를 맡아줄 담당자를 채용할 생각부터 하지는 말자.

내가 우리 회사에서 가장 많이 알고 있어야 업무지시를 할 수 있고, 담당자가 해야 할 일, 빠트린 업무, 효율을 올릴 방법들이 보인다. 처음 시작하는 사업에서 직원의 일과 사장의 일이 따로 있지 않다. 내가 모르면 망한다. 작은 배일수록 작은 풍랑에도 심하게 흔들린다. 내가 주도할 수 없는 변수가 생기지 않도록 일을 꿰고 있자.

2

잘나가는 아이템을 선별하라

무엇을 팔 것인가?

'무엇을 팔 것인가?'는 온라인 유통 사업의 핵심이면서도 모든 것이라고 말할 수 있을 정도로 중요하다. 상품만 좋다면 상품 사진이 덜 매력적이라도, 상품 소개가 친절하지 않아도 매출을 일으킬 수 있다. 반면 상품 경쟁력 없이 오로지 마케팅의 힘으로만 상품을 판매하려고 하면 단기간의 매출은 일으킬 수 있을지 몰라도 곧 효율이 급락할 것이다.

고객들은 좋은 상품을 알아본다. 상품 경쟁력 없이 시작한 사업은 곧 후회와 실패로 돌아온다. 판매할 상품이 잘 팔릴 것이라는 자신감이 없다면 온라인 판매에 쉽게 도전하지 말자. 상품이 사업의 본질이다.

다시 '무엇을 팔 것인가?'를 생각해보자. 오픈마켓에서 상품 검색을 하면 웬만한 상품은 다 이미 판매하고 있다. 살 만한 상품을 보는 눈은 나와 다른 사람들이 다르지 않다. 나보다 더 발 빠르게 시장에 진입한 판매자들이 이미 넘쳐나는 상황이다. 그렇다고 포기할 것인가? 당신이 망설이고 있는 지금도 누군가는 아이템을 찾아 도전하고 누구나 부러워할 만한 성공도 만들어낸다. 노력과 고민 없이 얻을 수 있는 과실은 없으니 내가 팔 수 있는 상품을 만들어보자.

상자 밖에서 상품의 의미 재해석하기

'상품'이라는 단어를 떠올리면 어떤 생각이 나는가? 보통은 마트에서 살 수 있는 공산품을 떠올리기 마련이다. 그러나 상품은 큰 범주에서 '돈을 주고 살 만한' 세상의 모든 것으로 볼 수 있다. 신발 수선이나 강아지 장례 서비스처럼 눈에 보이는 실체는 없지만 고객들의 니즈가 있는 서비스 상품이나 돌잔치 답례품, 차례 상차림처럼 고객의 수고로움을 대신할 수 있는 물건도 상품으로서 훌륭한 가치가 있다.

또한 이미 나와 있는 상품일지라도 그 상품이 가진 단점을 보완하고 현재 시점에서 필요한 가치를 더하여 새로운 상품으로 개발할 수도 있다. 오픈마켓이나 포털에서 검색되는 무수한 상품만 떠올리지 말고, 나의 생각을 가둔 상자 밖에서 상품의 의미를 재해석해보면 의외로 팔 만한 상품을 발견할 수 있다.

나와 맞는 아이템 찾기

내가 팔 상품은 앞으로 나와 함께 사업이라는 긴 레이스를 같이 뛰어줄 파트너와 같다. 옷도 내 몸에 맞는 옷을 입어야 편한 것처럼 나의 파트너인 제품과 잘 맞아야 오랫동안 함께 즐거운 레이스를 펼칠 수 있다. 나에게 맞는 상품이라는 파트너를 찾는 방법을 알아보자.

자금력을 파악하라

내가 팔고자 하는 상품이 현실적으로 내가 현재 보유한 자산으로 감당할 수 있는 아이템인지를 먼저 따져봐야 한다. 온라인 유통은 미리 나의 자금으로 상품을 장만한 이후 고객에게 판매하는 구조이기 때문에 초기 상품을 매입할 자금력이 있어야 한다. 그래서 판매자가 보유한 자금 규모에 따라 판매할 수 있는 아이템이 정해지기도 한다.

나에게 자금이 넉넉하지 않다고 하면 유명 브랜드의 값비싼 가전이나 고가의 상품 등은 시작하는 아이템으로 적당하지 않을 수 있다. 내가 감당할 수 있는 나의 자본 규모를 파악해보자. 그리고 상품이 현금화될 때까지 자금회전율이 얼마나 될지 먼저 예측해봐야 한다.

먼저 나를 알아야 한다

상품의 영역에서는 전문성을 가져야 성공할 수 있다. 따라서 내가 잘 알고 있거나 관심을 가지고 있는 분야의 상품을 먼저 시작하는 것이 유리하다. 평소 나의 관심사가 무엇인지, 그와 관련이 있는 상품이 무엇인지 생각해보자.

취미를 사업으로 발전시켜 성공하는 경우도 있다. 관심을 가지고 있는 카테고리라면 좀 더 즐거운 마음으로 집중해서 상품을 발굴할 수 있기 때문이다. 예를 들어 내가 피규어를 모으는 것에 관심이 많고 남들보다 잘 알고 있다면 피규어 아이템 또는 주변 관련 산업부터 접근해본다. 운동을 즐긴다면 홈 트레이닝이나 운동용품을 중심으로 해서 팔 만한 아이템을 찾아볼 수 있다.

또한 자신의 과거 업무 경력이나 주변 환경 속에서도 아이템을 찾을 수 있다. 상품과 관련된 과거 경험이나 기존 인맥을 바탕으로 상품 공급 거래선을 형성할 수 있다면 사업을 시작하기 유리해진다.

평소 자신이 생활 속에서 불편하다고 느꼈던 부분들이 무엇인지 떠올려보자. 예를 들어 최근 손목시계가 멈추어서 주변에서 건전지를 교체할 수 있는 곳을 찾아본 적이 있었다. 과거에는 동네 금은방에서 쉽게 해주던 서비스였는데 최근 동네 금은방이 많이 사라지면서 손목시계의 건전지를 교체할 방법을 찾기가 쉽지 않았다. 생활인으로서 겪는 자신의 어려움에 많은 사람들도 공감하고 있다면 이런 불편한 부분들은 사업 아이템으로 발전시킬 수 있는 좋은 시작이 될 것이다.

고객이 원하는가

내게 좋은 사업 아이템이 있다고 해도 시장의 수요, 즉 고객의 니즈가 없다면 판매할 상품으로 적당하지 않을 수 있다. '좋은 상품'이란 내가 잘 알고 있으면서도 찾는 고객이 있는 아이템이다. 생각하고 있는 상품이 있다면 고객의 니즈가 얼마나 되는지 파악해보자.

온라인 사업의 장점은 오프라인 가게처럼 발로 뛰지 않아도 더 많은 정보를 확보할 수 있다는 데 있다. 나의 잠재적 경쟁자들의 정보가 인터넷상에 모두 공개되어 있고, 고객들의 니즈도 인터넷을 통해서 파악이 가능하다. 인터넷상에서 고객의 니즈는 '검색'이라는 형태로 표출된다. 포털 사이트에서 상품과 관련된 키워드의 검색량을 보면 그 상품의 인기도를 파악할 수 있다. 또한 상품 키워드와 관련된 고객들의 글, 관련 상품 정보 블로그의 조회수나 댓글수 등을 통해서 관심도의 크기를 파악할 수 있다.

시장을 파악하라

고객의 니즈를 살펴 상품의 인기도가 파악되었다면 시장 환경을 살펴보자. 얼마나 많은 판매자들이 이미 시장에 진입해 있고 어떤 판매 전략을 펼치고 있는지 나의 잠재적 경쟁자들에 대해서 먼저 파악하고 있어야 한다.

네이버의 통합검색 결과를 통해서 경쟁자들의 공급 상황을 파악해보자. 키워드 검색을 하면 네이버 통합검색 결과 화면에 맨 처음 보이는 파워링크 광고가 몇 개인지 확인한다. 1페이지(25개)를 넘어가는지 파악해본다. 또한 통합검색 아랫부분에 '네이버 쇼핑' 영역에 등록된 상품수가 몇 개인지 확인한다. 네이버 쇼핑 검색 결과에서 쇼핑 연관 키워드와 어떤 상품 분류에 몇 개의 상품이 있는지 검색할 수 있다. 여기서 검색한 결과 내에서 연관 키워드 및 검색 분류를 좁혀가며 아이템을 세분화하면 수요가 존재하는 틈새 상품을 찾을 수도 있고, 내가 팔 아이템이 얼마나 승산이 있는지 파악할 수 있다. 자세한 네이버 활용법은 4장의 '내 상품이 잘 노출되는 키워드를 뽑아내는 비법'을 참고하자.

아이디어가 떠오르지 않는다면 손품을 팔자

온라인 사업을 시작하기 전 자신의 사업에 확신을 가질 수 있을 만큼 조사와 준비가 되어 있어야 실패의 확률을 줄일 수 있다. 내가 진입하고자 하는 분야의 사업 전망은 어떠한지, 성장하고 있는 시장인지

| 사업아이디어를 찾는 데 도움이 되는 사이트 |

운영 주체	사이트 주소	특징
공정거래위원회	www.ftc.go.kr	정보공개 탭 '데이터 개방'의 통신판매사업자 메뉴에서 해당 지역별 통신판매업자들의 현황을 파악할 수 있다.
네이버 데이터랩	datalab.naver.com	네이버의 빅데이터 포털. 분야별 인기 검색어, 실시간 검색어 순위와 추이, 지역 통계 및 공공 데이터 등을 제공한다.
e-나라지표	www.index.go.kr	국가 공인 통계 자료와 행정 지표 등을 제공하며 여러 지표와 함께 분석자료도 볼 수 있다.
공공데이터포털	www.data.go.kr	오프라인 상권 정보를 제공하고 필요한 데이터를 요청할 수 있다.
소상공인마당	www.sbiz.or.kr	창업으로 성공한 사례들을 볼 수 있다. 다만 주로 오프라인 가게가 다루어지고 있으므로 아이디어 발굴 참고용으로 읽는다.
통계청 통계도서관	lib1.kostat.go.kr	물가, 가계통계, 산업통계, 경제통계 등 각종 통계 지표를 열람할 수 있다.

※ 사이트에서 제공하는 내용은 해당 사이트의 사정에 따라 달라질 수 있음.

등 사업 시작 전 조사분석은 많이 할수록 도움이 된다. 팔 만한 아이템이 잘 떠오르지 않거나 아이템에 대한 확신을 가지고 싶다면 인터넷 손품을 팔아서 데이터를 수집하고 자료를 읽어보자. 자료를 통해서 여러 아이템의 정보들을 수집하다 보면 어느 순간 불현듯 딱 하고 좋은 아이디어가 떠오를 수도 있다. 운명적인 아이디어는 어디서 만나게 될지 모른다. 여러 사이트에서 제공하는 좋은 데이터와 창업 아이템들, 성공 사례들을 참고해보자. 모두 나의 스승이 된다.

3

어디서 팔 것인가

온라인 상권의 입지, 트래픽

판매할 상품에 대한 확신이 생겼다면 이제 '어디서 팔 것인가'를 고민해야 한다. 오프라인에서 장사를 한다고 하면 '매장을 어디에 낼 것인가'의 문제와 같다고 할 수 있다. 오프라인 매장은 몇천만 원에서 몇억 원이나 되는 보증금을 내고 매달 몇십만 원에서 몇백만 원 수준의 임대료를 감당할 수 있어야 겨우 마련할 수 있다. 매장 인테리어 비용까지 감안한다면 정말 인생을 걸어야 할 정도의 큰 투자가 아닐 수 없다. 그러나 온라인 가게는 몇십만 원에서 몇백만 원의 자본금만 가지고 있으면 집에서도 사업을 시작할 수 있다. 초기 투자 리스크를 최소화한다는 측면에서 시도하기 좋은 사업이라고 할 수 있다.

오프라인 점포를 선정할 때 가장 중요한 것은 '입지'다. 유동인구가 많은, 혹은 내가 판매할 상품을 구매할 잠재적인 고객들이 많은 길목이 사업의 성패를 좌우하는 가장 중요한 가게 선정의 항목이다. 온라인에서는 오프라인에서의 입지를 '트래픽traffic'이라는 개념이 대신한다.

오프라인에서 입지는 다양한 변수들, 예를 들어 지하철이 생긴다든지, 아파트단지가 들어선다든지, 정부기관이 이전해 나간다든지 등등의 상황에 따라 입지가 변화한다. 그러나 입지가 달라졌다고 해서 상권이 좋아지고 있는 동네로 가게를 옮겨놓을 수는 없다.

반면 온라인에서는 내 의지에 따라 트래픽을 늘릴 수 있다. 온라인 쇼핑몰은 특정 장소에 고정되어 있지 않기 때문에 포털 광고, SNS 운영, 사업자 간 제휴 등 다양한 방법을 통해서 트래픽을 추가로 확보할 수 있다. 또한 스스로 트래픽을 만드는 비용이 부담스럽다면 대형 트래픽을 보유하고 있는 대형 쇼핑몰에 입점해 그 트래픽을 내 사업에

| 쇼핑몰 입점 판매와 독립몰 판매의 특징 |

	입점 판매	독립몰 판매
개념	대형 쇼핑몰에 판매자로 입점해 판매하는 방식	독립적으로 쇼핑몰을 구축해 판매하는 방식
장점	• 대형 쇼핑몰의 트래픽 및 판촉, 할인제도 등의 혜택을 이용할 수 있음 • 자체 쇼핑몰 운영에 소요되는 비용과 인력을 줄일 수 있음	• 입점 시 대형 쇼핑몰에 지불해야 하는 판매수수료가 없음 • 나만의 고객을 확보하여 고객에게 직접 상품 마케팅을 할 수 있음
운영 시기	온라인 쇼핑몰 사업을 시작하는 초기	사업이 일정 규모 이상 되거나 자체 마케팅 투자가 가능할 때

이용할 수 있다.

현재와 같이 이름만 들으면 아는 대형 쇼핑몰 사업자들의 영향력이 크지 않았던 2000년대 초반 쇼핑몰 사업을 시작한다고 하면 우선 자기 쇼핑몰을 만들고 보는 식이었다. 쇼핑몰 사업은 초기 자본투자에 부담이 없는 큰 장점이 있지만, 진입 장벽이 낮은 만큼 시장에서 성공하기 쉽지 않고 경쟁자도 무수히 많아 2000년 초반 쇼핑몰을 직접 만들었던 사업자들 중 현재까지 성공적으로 사업을 계속하고 있는 사업자는 많지 않다.

사업을 확대해나가다 보면 독립몰이 반드시 필요한 시기가 온다. 하지만 처음에는 과욕을 부리지 말고 기대감을 낮추어서 차근차근 확대해나가는 방식이 장기적으로 성공할 수 있는 길이다.

플랫폼별 특징을 파악하라

온라인 쇼핑 플랫폼은 운영 형태와 정책에 따라 오픈마켓, 종합몰, 전문몰, 스마트스토어, 소셜 커머스로 크게 구분할 수 있다. 오픈마켓은 G마켓, 옥션, 11번가 등이 대표적인 사업자이고, 소셜 커머스에는 쿠팡, 위메프, 티몬 등이 있다.

최근 소셜 커머스 사업자들이 오픈마켓 시장으로 사업영역을 확대하면서 두 플랫폼 간의 경계가 무너졌다. 종합몰은 마트와 백화점 등 종합 유통사 계열의 SSG닷컴, 이마트몰, Hmall 롯데닷컴 등이 있고, TV 홈쇼핑에서 운영하는 GSShop, CJmall, 롯데아이몰, NS몰, 홈앤쇼핑 등이 있다. 전문몰은 종합몰보다 특정한 카테고리나 콘셉트를 가지고 쇼핑몰을 운영하는 형태로 생활 아이템을 전문적으로 취급하는 텐바이텐, 도서 전문몰 YES24, 패션 아이템 전문몰 패션 플러스 등이 있다.

비즈니스 형태에 따라 쇼핑몰 운영 정책이 다르다

온라인 쇼핑 플랫폼은 비즈니스 형태에 따라 크게 B2C와 C2C의 두 가지로 구분할 수 있다. B2C^Business to Customer^는 온라인 유통 사업자가 판매자로부터 상품을 입점 받아서 상품의 판매를 책임지고 운영하는 형태로 종합몰이 이에 속한다. C2C^Customer to Customer^는 판매자와 구매자를 연결해주는 온라인 장터로 오픈마켓이 대표적이다. 참고로 스마트스토어는 네이버 포털 안에서 판매자가 상점을 만들고 운영하는 형태로 C2C로 분류된다.

C2C는 판매자와 구매자가 직거래를 하는 형태이고, B2C는 쇼핑몰에서 상품을 책임지고 판매하는 형태로 상품 운영의 주체가 다르다. 두 가지 비즈니스는 쇼핑몰에 입점하는 절차부터 상품 운영 방식, 수수료 체계, 정산에 이르기까지 차이가 있다.

입점 절차

오픈마켓과 스마트스토어는 입점 절차가 간편하고 요청하는 서류가 간단하며 입점에 소요되는 기간도 1~2일이면 충분하다. 그러나 종합몰과 전문몰은 입점 절차가 복잡하고 지급보증이나 전자계약, 공인

인증서 등 요청하는 서류가 까다롭다. 또한 MD의 승인을 받아야 입점 가능한 형태로 입점의 문턱이 더 높다.

정산 과정

오픈마켓과 스마트스토어는 판매된 건당 정산을 받을 수 있다. 고객에게 상품이 배송된 후 약 8일 이후부터 출금이 가능하며, 고객이 배송을 받고 구매 확정을 하면 바로 출금할 수 있다. 종합몰은 정해진 날짜에 일괄 정산을 한다. 예를 들어 매월 10일, 20일, 30일 등으로 정산 날짜가 확정되어 있다. 따라서 상품 판매 후에 판매된 대금을 회수하기까지 시간이 걸린다.

수수료

판매자와 구매자가 직거래하는 오픈마켓은 수수료가 낮다. 대략 5~12퍼센트로 책정되어 있는데 카테고리마다 부과되는 수수료가 다를 수 있으니 상세한 내용은 해당 오픈마켓의 정책을 확인하도록 한다. 오픈마켓은 수수료가 낮은 반면 입점료, 광고비, 부가서비스 사용료 등의 추가 비용이 발생할 수 있으니 수수료가 낮다고 안심하지 말고 비용 구조를 잘 따져보아야 한다. 종합몰은 상품 운영을 쇼핑몰에서 책임지고 하다 보니 수수료가 평균 15~30퍼센트로 상당히 높다.

마케팅 방식

오픈마켓은 판매자가 스스로 본인의 상품을 잘 팔기 위한 독립적인 마케팅이 주로 진행된다. 하지만 쇼핑몰 자체에서 판매자를 지원하는 마케팅 정책도 시행하고 있으니 이를 참고하자. 예를 들어 네이버 스토어는 창업 초기 사업자에게 12개월 동안 수수료를 면제해주는 '스타트 제로 프로모션'이라는 정책이 있다. 쇼핑몰에서 시행하는 프로모션 정책은 쇼핑몰의 사정에 따라 달라질 수 있으니 관심을 가지고 살펴 참여하도록 한다. 종합몰은 쿠폰 행사, 카드청구 할인 등 종합몰 사업자 주도로 진행되는 할인 마케팅이 많다.

상품 노출

오픈마켓은 판매자들 간의 경쟁으로 운영되다 보니 상품을 상위에 노출하는 활동들이 광고로 운영되는 경우가 많다. 즉 내 상품을 검색결과 상위나 화면 상단에 노출시키려면 비용을 써서 광고를 해야 한다. 광고 상품 외에 노출은 쇼핑몰 내에서 수립한 상품경쟁력 기준에 따른다. 예를 들어 스마트스토어는 판매 인기도, 스토어팜 점수, 톡톡친구 수, 페이지 클릭 건수 등에 따라 상위 노출 상품이 결정된다. 종합몰은 노출 기준 외에 MD와의 협의를 통해서 상품 노출 제안이 활발하다.

고객 응대

상품의 문의가 발생하거나 상품의 교환, 반품 등의 CS[Customer Satisfaction]가 발생하면 오픈마켓은 판매자가 직접 고객과 연락하여 해결해야 한다. 반면 종합몰의 경우에는 종합몰 자체 고객센터에서 우선 응대한다.

사업 전개 방식과 장점, 공략 전략

쇼핑몰 사업자는 사업을 지속적으로 유지하고 확대하기 위한 사업 전략을 추진한다. 최근 쇼핑몰 사업자의 움직임을 파악해보면 쇼핑몰 판매자로서 본인의 상품 판매에 유리하게 활용할 수 있는 내용들이 있다.

오픈마켓

오픈마켓은 이커머스 시장의 지배 사업자로서 대형화를 추진하고 있다. 백화점, 홈쇼핑, 배달, 쿠폰, 여행 등 종합몰을 통째로 입점시키고 무형의 서비스 상품의 판매에 이르기까지 광범위한 상품 확대로 몸집을 키워나가고 있다. 서비스 측면에서는 배송 서비스 등을 강화하면서 마트, 소셜 커머스 등과 서비스 경쟁을 펼치고 있다. 오픈마켓은 트래픽이 가장 높고 이용고객이 가장 많이 확보되어 있는 가장 큰 이커머스 시장이다. 따라서 판매자도 많지만 여전히 기회도 많다. 광고 구좌를 활용해서 판매자로서 인지도가 없어도 매출을 만들 수 있다. 또한 최근 시행되는 배송 서비스를 활용하면 광고에 투입되는 비용을 줄이면서도 상품 노출에서 혜택을 받을 수 있으니 이러한 정책들을 잘 활용해보자.

소셜 커머스

최근 소셜 커머스는 사업 다각화를 추진하고 있다. 오픈마켓으로 비즈니스 모델을 변경하고 확장하고 있는 것이다. 오픈마켓으로 성공하려면 많은 판매자들을 모집해야 한다. 따라서 초기 판매자 유치를 위해 수수료와 광고비면에서 많은 혜택을 지원하고 있다. 이러한 초기 지원을 놓치지 말고 적극 활용해서 판매자 경쟁이 상대적으로 느슨한 시기에 적은 비용으로 수입을 올려보자.

스마트스토어

네이버는 기존 스토어팜에서 스마트스토어로 리뉴얼을 하고 판매자 친화 플랫폼 정책을 추진하며 쇼핑몰 사업을 적극적으로 펼치고 있다. 쇼핑몰을 처음 시작하는 초보자라면 반드시 스마트스토어를 운영해보는 것이 좋다. 스마트스토어는 쇼핑몰 운영 경험이 없는 초보자도 쉽게 쇼핑몰 시스템을 사용할 수 있도록 설계되어 있다. 이미지 기술서 준비를 하지 않아도 되고 상품 등록 화면 역시 블로그 형식으로 되어 있어 블로그에 익숙한 사람이라면 누구나 사용할 수 있다. 또한 쇼핑몰 운영에 필요한 메뉴나 시스템이 잘 갖춰져 있기 때문에 대형 쇼핑몰 입점 외에 자체 쇼핑몰을 운영하려는 계획이 있다면 자체 쇼핑몰 운영의 경험을 미리 해볼 수 있는 장점이 있다.

종합몰

종합몰은 트래픽 강화, 옴니채널Omni Channel 전략을 추진하고 있다. 최근에는 오픈마켓 제휴를 통해서 정체되는 트래픽을 강화하는 추세다. 또한 모바일 커머스나 V-커머스 등을 강화하며 사업 차별화를 꾀하고 있다. 판매자 입장에서 보면 종합몰은 진입 장벽이 높지만 한번 입점을 하면 상품에 대한 신뢰도를 높일 수 있는 장점이 있다. 오픈마켓보다 MD와의 관계 구축을 통해서 광고비 지출 없이 상품을 노출할 수 있는 방법도 더 많다. 종합몰 사업자 스스로가 오픈마켓 등에 입점하고 있기 때문에 종합몰에 상품 등록을 해두면 오픈마켓에서도 노출되고 주문이 일어난다. 종합몰이 경쟁에서 살아남기 위해서 시도하는 다양한 서비스에 참여하면 의외의 판매성과를 올릴 수도 있다.

먼저 집중하고 나중에 확대하라

앞서 살펴본 것처럼 오픈마켓, 종합몰, 스마트스토어 등과 같이 다양한 온라인 쇼핑 플랫폼이 존재하지만 개인 판매자에게 가장 중요한 것은 결국 '어디에서 팔 것인가'다.

최근 온라인 쇼핑 플랫폼 간에 사업적 경계가 모호해지면서 경쟁이 더 치열해졌다. 이러한 플랫폼 간 경쟁은 거꾸로 판매자에게는 기회로 작용할 수 있다. 오픈마켓도 소셜 커머스 출신까지 포함하면 여섯 군데나 되기 때문에 여러 오픈마켓에서 판매를 하는 멀티호밍multi-homing을 하는 판매자가 늘고 있다.

운영 쇼핑몰 개수를 늘려 상품 노출 및 고객 접점 기회를 확대해나가는 것이 장기적으로 바람직한 사업 확장 방법이다. 따라서 온라인 쇼핑 판매가 무엇인지 감이 잡히고 어느 정도 자신감이 생겼다면 판매 플랫폼을 점차 늘려나갈 것을 추천한다. 상품을 여러 쇼핑몰에 한꺼번에 업로드할 수 있는 판매자 툴도 많이 개발되어 있기 때문에 누구나 쉽게 쇼핑몰 판매자가 될 수 있다.

그러나 입점한 쇼핑몰이 늘어날수록 관리해야 할 요소들도 많아진다. 그러므로 무턱대고 쇼핑몰 개수나 판매 상품수를 공격적으로 늘리지는 말자. 처음에는 어느 플랫폼이든 하나를 정해 내가 확실하게 매출을 올릴 수 있는 방법을 모두 이해하고, 그에 맞게 판매전략을 세우는 등 노하우를 쌓아야 향후 판매 쇼핑몰을 추가해나가더라도 성공할 수 있다.

온라인 판매의 다양한 장점이 그저 달콤한 유혹인지 실제로 내가 할 수 있는 것인지 파악할 수 있어야 한다. 그 판단은 실전 경험을 쌓는 것에서부터 시작되어 내가 얼마나 이해하고 있느냐 하는 디테일과 깊이에서 나온다. 쉽게 접근할 수 있는 것부터 먼저 시작하자.

일단 입점 신청은 가능한 많은 곳에 할 것을 추천한다. 입점 신청을 했을 때 입점 승인이 바로 나지 않는 경우가 있고, 생각했던 것과 다르게 판매 툴이 다루기 어려울 수도 있으며, 상품 노출이 잘 안 되는 경우도 발생한다. 우선 입점이 쉽고 판매자 시스템이 잘 되어 있는 오픈마켓에 입점하고 네이버 스마트스토어 템플릿을 이용해 독립몰 운영 경험을 쌓는 것이 좋다.

처음부터 종합몰 진입은 어렵겠지만, 종합몰 판매는 또 다른 다양한 이점이 있으므로 공략할 방법을 찾고 반드시 종합몰에도 입점하여 사업을 확장해나갈 수 있도록 하자.

고객 특성에 따라 주력 상품을 차별화하라

여러 온라인 쇼핑 플랫폼에 입점해 운영하다 보면 같은 상품이라도 쇼핑몰마다 판매 추이가 다르다는 것을 확인할 수 있다. 이는 쇼핑몰마다 이용하는 주요 구매 고객의 특성이 다르기 때문이다. 쇼핑몰에 따라 구매 고객의 연령대, 성별, 트렌드 민감도, 가격 민감도 등이 다르다.

내가 등록한 상품 중 특정 상품이 어느 쇼핑몰에서 많이 판매되면 해당 상품의 특성을 파악하여 유사한 상품을 좀 더 적극적으로 판매하는 것이 좋다. 가령 내가 신발을 판매하는 판매자라고 가정해보자. A 쇼핑몰에서는 유행하는 디자인의 샌들 중에서도 가격이 싸고 시즌을 타는 상품이 많이 판매되고, B 쇼핑몰에서는 유명 브랜드의 점잖은 디자인의 펌프스가 많이 판매된다고 해보자. 이러한 차이는 해당 쇼핑몰을 이용하는 고객층이 다르기 때문이다. 따라서 각 쇼핑몰의 고객이 선호하는 상품을 빨리 파악해서 판매 전략을 짜는 것이 좋다.

또한 종합몰 등에 입점해 판매할 때도 고객 CS를 응대하면서 고객과 커뮤니케이션을 하다 보면 해당 쇼핑몰의 고객들이 내 상품의 성격이나 판매 스타일에 맞는지 파악할 수 있다.

4

상세 페이지로 고객을 유혹하라

물건도 못 봤는데 돈부터 내놓으라고 한다

온라인 쇼핑을 할 때 고객들의 가장 큰 위험부담은 상품의 실물을 보지 못한 채로 돈을 먼저 내야 한다는 점이다. 또 누구와 거래하는 것인지 실체를 알 수가 없다. 거래의 기본은 파는 사람이 물건을 먼저 주고 사려는 사람이 돈을 내는 것인데, 손님 입장에서 본다면 온라인 쇼핑 판매자는 거래의 기본을 무시한 당돌한 장사꾼이 아닐 수 없다.

온라인 쇼핑 시장이 갓 형성되던 초기에 노트북을 샀는데 벽돌을 받았다는 웃지 못할 에피소드처럼, 구매한 물건과 전혀 다른 물건을 보내주는 사기 사건도 종종 있었다. 이처럼 온라인 쇼핑은 비대면 상품 거래이고, 선지급 후배송의 거래 시스템으로 강력한 신뢰가 밑바탕이 되어야 한다. 물건을 팔고 있는 '나'라는 사람이 누구인지, 그리고 내가 파는 물건이 진짜인지도 알지 못하는 손님의 지갑을 어떻게 열게 하느냐가 온라인 쇼핑 사업의 관건이 된다. 내 상품에 관심을 가진, 즉 내 상품을 구경하러 들어온 고객이 '구매하기' 버튼을 누르도록 만드는 트리거 포인트trigger point를 어떻게 설계하느냐가 핵심이다.

시각이 구매를 결정한다

비대면 쇼핑에서 고객이 '상품을 보지 못한다'라는 것은 곧 판매자가 이 상품을 구매하도록 고객을 설득할 수 있는 다양한 방법이 차단된다는 의미다. 오프라인 가게에서 물건을 판다고 하면 손님은 일단 냄새도 맡아 보고 손으로 만지며 촉감도 느껴볼 것이다. 그리고 듣기 좋은 목소리로 이 상품을 왜 지금 꼭 사야 하는지 말해주는 판매자의 설명도 들을 수 있다. 다른 손님들이 이 상품을 구경하고 구매하는 모습 또한 볼 수 있다. 즉 오프라인 가게에서 손님이 물건을 구매할 때는 그 공간에서 일어나는 전체적인 느낌을 비롯해 오감을 통해 물건을 파악하고 구매를 결정한다.

그러나 온라인 쇼핑에서는 이 모든 것이 차단된 상태에서 고객이 홀로, 오로지 상품의 소개만을 눈으로 '보고' 구매를 결정하게 된다. 고객이 사용할 수 있는 감각이 시각 한 가지로 줄어드는 것이다. 그러나 판매자는 이 시각 정보를 고객의 기존 경험과 연결시켜 더 많은 감각을 사용하고 있는 것처럼 고객의 두뇌를 속일 필요가 있다. 즉 팔고자 하는 상품에 대한 입체적인 시각적 표현이 중요하다.

특히 TV 홈쇼핑은 고객의 두뇌를 잘 속이는 채널이다. TV 홈쇼핑을 보면 갖가지 '시연'이 많이 나온다. 극적인 시연이 고객에게 제대로 먹혔을 때 고객은 전화기를 들게 되고 주문으로 이어진다. 홈쇼핑 방송에서 식품을 팔고 있을 때를 상상해보자. 출출함이 느껴지는 오후 5시, TV 채널을 돌리다가 우연히 홈쇼핑 채널에 멈췄는데, 윤기가 좔좔 흐르는 맛깔스러운 양념 갈비가 지글지글 끓고 있다. 연기가 스튜디오

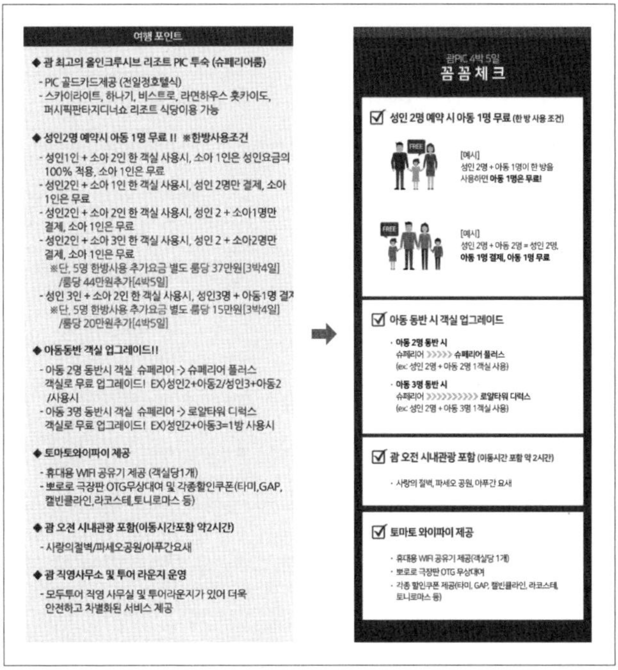

상품 설명을 시각화한 사례 설명이 많은 여행 상품의 상품 정보를 텍스트로만 정리한 사례(좌)와 같은 정보를 시각화하여 정리한 사례(우). 핵심 내용을 시각화하여 정리하면 고객 전달력이 커진다.

를 가득 메우고 쇼호스트와 연예인이 너무나 맛있게 익은 양념 갈비를 먹고 있다. 이 순간 내 두뇌 속에서는 내가 양념 갈비를 먹어봤던 그 기억을 다시 꺼내서 재생하게 되고, 그 감각에 의존하여 어느새 상품을 주문하게 된다. 물론 TV 홈쇼핑은 시각 외에도 청각이라는 다른 강력한 무기가 있다. 지글지글 끓고 있는 소리를 들려줄 수 있고, 쇼호스트의 유려한 상품 설명을 고객이 들을 수 있어 비대면 쇼핑 중에서도 가장 정보 제공 환경이 좋은 편이다.

다른 매체는 구매를 결정하는 데 활용되는 감각이 다양한 반면, 온라인은 시각 정보에만 의존한다는 큰 차이가 있다. 따라서 판매자는 고객이 상품의 설명을 보다 입체적으로 느낄 수 있도록 시각 정보를 실감나게 표현할 수 있는 다양한 방법을 찾아야 한다.

상품을 설명하는 데도 순서가 있다

온라인 쇼핑몰에서 일을 하면 매일 상품 상세 페이지를 본다. 하지만 막상 상품 상세 설명을 읽어보면 판매자의 입장에서만 쓰인 내용이 많다. 제일 안타까운 경우는 상품의 기본 내용을 설명하기 전에 브랜드 소개, 회사 소개, 특장점 등을 상품 상세 페이지 상단에 걸어두어서 정작 무엇을 팔고 있는지 고객이 알 수 없게 만드는 경우다.

물론 판매자들은 자신이 판매하는 상품이 단순히 하나의 상품이 아니라 사연이 있고 역사가 있는 상품이라고 자랑하고 싶을 것이다.

| 상품 상세 화면 구성 순서 |

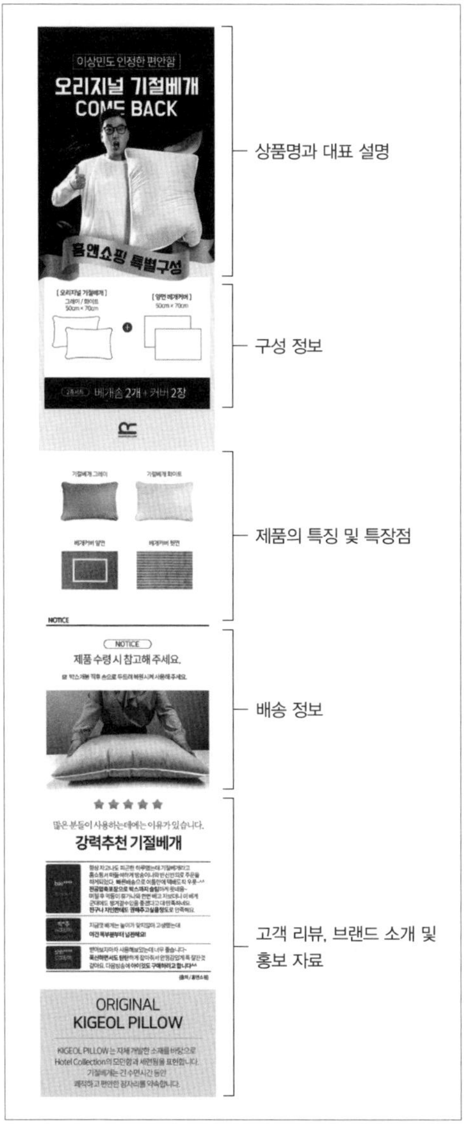

전체 상세 페이지 구성 예시 화면 상단부터 하단까지 고객의 시선을 사로잡을 수 있도록 촘촘히 구성한다. (출처: 홈앤쇼핑앱, '[릴레이팡팡 상품][4개 세트] 19년형 기절베개 호텔식 베개+베개커버')

그러나 정작 고객은 그 상품이 정확히 무엇이고 어떻게 구성되어 있는지, 기능이 무엇인지 등 상품의 기본 정보를 먼저 확인하고 싶어 한다.

따라서 상품 상세 페이지의 상단에는 이 상품이 고객이 찾던 바로 그 상품인지 아닌지를 확인할 수 있는 내용이 들어가야 한다. 고객이 화면 상단에서 정확한 정보를 얻지 못하면 구매욕을 느끼지 못하고 바로 화면에서 이탈해버린다. 브랜드나 제조공정 등 상품에 대한 다양한 내용을 보여줄 기회조차 잃어버리게 되는 것이다.

고객의 시선을 화면 아랫부분까지 내려가도록 붙잡는 전략이 필요하다. 전자 제품에 동봉되어 오는 매뉴얼을 사람들이 꼼꼼히 읽지 않는 것처럼, 고객은 상품 정보를 볼 때 일단 눈으로 '스캔'을 하고 본인이 필요하다고 생각되는 부분이 있을 때 좀 더 상세하게 내용을 읽게 된다. 따라서 먼저 무엇부터 설명하고, 다음에 무엇을 설명할 것인지 먼저 큰 틀의 주제와 순서를 정하고 그 후에 상세한 내용을 쓰자.

상품명과 대표 설명

상세 페이지의 최상단은 상품의 첫인상을 좌우하는 영역이다. 개별 상품을 판매하는 페이지의 경우 최상단에 상품명을 간략하게 표기하고 상품을 가장 인상적으로 표현할 수 있는 문구 및 대표 이미지를 배치한다.

여러 가지 상품을 한데 모아 매대로 구성한 딜 판매라면 판매 테마명을 잘 보이게 명시한다. 판매하고 있는 모든 브랜드와 상품을 한눈에 보여주는 것이 중요하다. 어떤 상품을 판매하고 있는지 바로 알 수 있도록 소개하고, 관심 있는 고객이 상세 내용을 확인할 수 있도록 상단에 정리한다.

상품(테마)명과 대표 설명 예시 (좌) 개별 상품 상세 페이지 최상단 영역, (우) 딜 판매 상세 페이지 최상단 영역 (출처: 홈앤쇼핑앱, (좌) '완도산 각시 매생이 50봉', (우) '디자이너#]19SS 트렌치코트/자켓/원피스/블라우스')

구성 정보

최상단 영역에서 상품이 무엇인지 간략한 정보를 보여주었다면, 바로 아래에는 상품이 어떻게 구성되어 있는지 알려줄 필요가 있다. 상품의 개수, 사이즈, 중량 등을 표기하고, 옵션에 따라 구성이 다른 경우에는 옵션별 구성이 어떻게 되는지 보여줄 필요가 있다. 실제 상품 구성 사진이나 알아보기 쉬운 그림 등으로 보여주면 좋다.

사은품이 있을 경우에는 간단한 사은품 정보도 표기한다. 상품과 사은품은 구별하기 쉽도록 구분하여 표시해야 고객이 본품과 사은품을 혼동하지 않는다.

그 외에 '1+1', '할인쿠폰' 등의 프로모션 정보나 가격 혜택을 함께 표기하면 좋다. 가격 혜택을 표시할 때는 할인율이 얼마나 되고 그 결과 최종 할인가는 얼마인지 적으면 명시성이 높다.

선택 구성 예시 (좌) 기본 상품 선택 구성, (우) 사은품 선택 구성 (출처: 홈앤쇼핑앱, (좌) '[루미낙]프랑스 직수입 하우스 맥주잔 세트 6피스' (우) '[디즈니] 19SS 여성 트랙수트 2벌+티셔츠(총5종)')

제품의 특징 및 특장점

상단 영역에서 대략적인 상품의 정보를 제공한 뒤 아래에서 좀 더 자세한 정보를 소개하면 된다. 상품의 정면, 측면, 일부 확대 사진 등 상세 이미지가 들어가는 부분이 바로 이 영역이다.

기본적으로 상세 사이즈와 재질, 기능 등을 설명하면 되는데, 상품 카테고리별로 표기하는 내용이 조금씩 달라질 수 있다. 패션류의 경우 실제 모델이 착용하고 있는 사진, 기능성 제품의 경우 그 내용, 그리고 디자인에 대한 설명 등을 넣으면 된다. 가전제품이라면 스펙 정보를 충실히 표기하는 것이 좋다. 식품이라면 원산지, 원재료의 특징, 크기

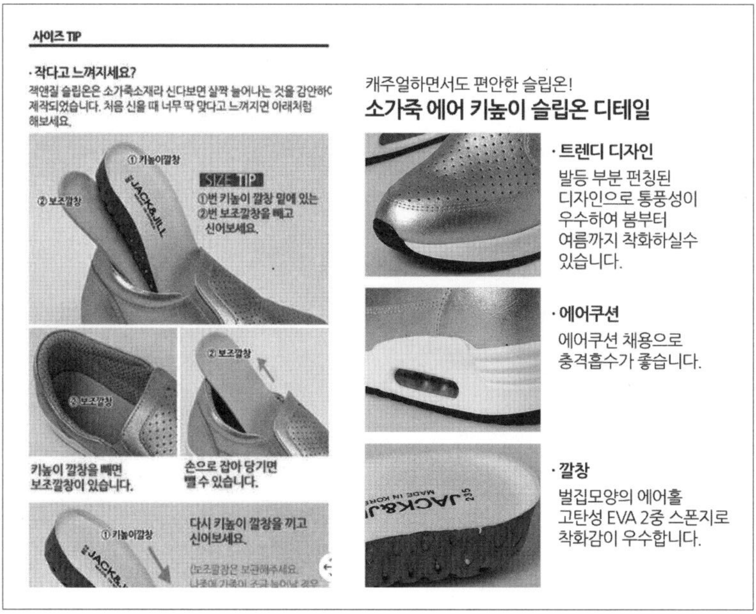

상품 기능 설명 상세와 사이즈 팁 예시 상세 이미지 컷과 함께 기능을 설명했고, 상품 착화 후 고객으로부터 접수된 '사이즈가 작다'라는 후기를 반영하여 사이즈 팁을 추가로 설명하고 있다.

비교 사진 등을 첨부한다. 가구류라면 실제로 집안에서 인테리어를 했을 때 어떤 식으로 보이는지 전체 사진을 올려주면 더욱 좋다.

상품의 특장점을 설명할 때는 상품을 실제로 보았을 때, 혹은 시착했을 때의 내용을 추가로 설명하면 좋다. 가령 신발이라면 신발을 신었을 때의 착용감, 제품의 색상이 오묘할 경우에는 그에 대한 설명 등을 적는다.

상품의 크기가 일정하지 않은 경우 사이즈를 명시하는 데 어려움이 있을 수 있다. 과일이나 생선 등의 농수산품의 경우 크기 비교 사진을 함께 보여주면 좋다. 공산품은 상품 크기가 일정하므로 수치 정보만으로도 충분하지만 식품은 크기가 일정하지 않아 문제가 될 수 있다. 이때는 야구공, 테니스공, 골프공, 동전 등 사이즈가 표준화된 일반 사물

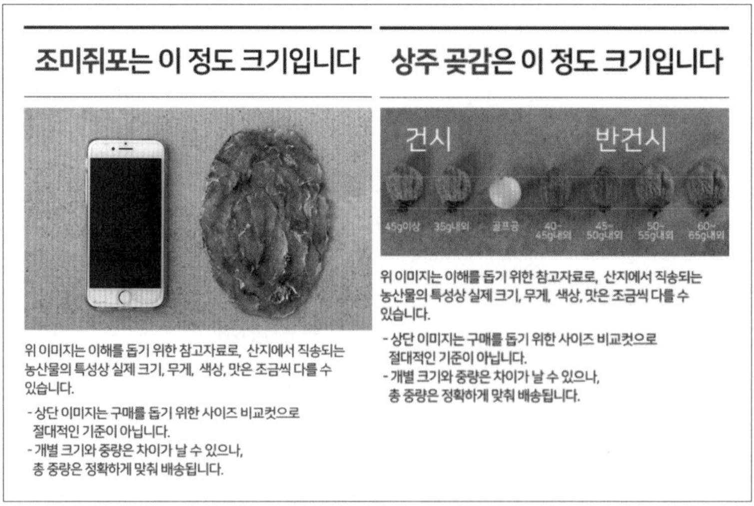

사이즈 설명 예시 상품의 크기에 따라 공, 휴대폰, 동전 등을 사용하면 좋다. (출처: 홈앤쇼핑앱, (좌) '[산지장터] 부산 서동미로시장 이방자님의 두꺼운 쥐포 900k 내외 (20~23장)', (우) '[산지장터]경북 상주 우병철님의 선물용 건시 1.3kg(36과~40과)')

과 비교하는 상세 사진을 넣어주면 좋다.

사용법이나 활용법 등도 이 영역에서 소개한다. 속옷 및 기능성 의류라면 착용 방법과 착용 시 주의사항을 소개한다. 식품이라면 조리법 및 보관법, 혹은 건강 기능성 식품 등의 경우에는 복용법을 상세히 제공한다. 가전, 가구, 레포츠용품 등 고객이 상품을 받아 설치 또는 조립을 진행해야 하는 상품이라면 설치 방법, 조립 방법 등의 매뉴얼 내용을 간단한 이미지 등으로 표시하면 좋다. 인테리어 소품이라면 상세 활용법을, 의류 등 패션잡화라면 일상생활에서 어떻게 코디하면 좋을지 소개한다. 화장품은 사용 전과 사용 후의 비교 사진, 성분 정보와

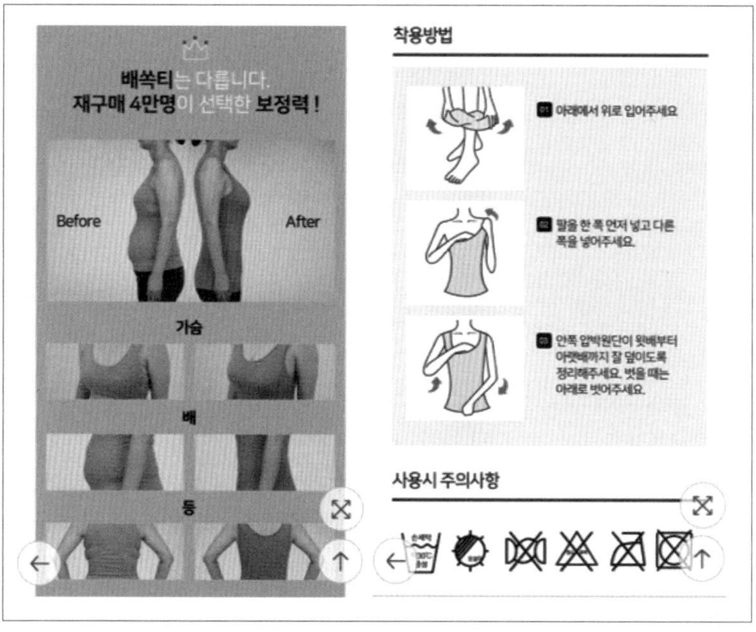

착용 방법, 착용 전후 예시 제품 착용 방법을 이미지와 설명으로 알기 쉽게 보여주고, 착용 전후 달라진 모습을 보여주어 상품의 장점을 강조하고 있다. (출처: 홈앤쇼핑앱, 'WOX(왁스)-코튼, 모달 브라 배쏙티 패키지(여성)')

발색, 제형 정보를 상세하게 보여주면 좋다.

배송 정보

제품의 포장 상태 및 배송 상태에 대한 사전 안내를 한다. 고객이 어떤 형태로 받아볼 수 있는지 등을 간단하게 보여준다. 장기 보관에 문제가 있는 식품 등의 상품일 경우에는 상품 보관 시 유의사항을 함께 표기한다.

또한 온라인 쇼핑에서는 배송에 소요되는 기간 등이 특히 중요하다. 일반적으로 배송에 얼마나 소요되는지 명시하고, 주말이나 공휴일 등 택배 발송이 지연될 경우에 대한 내용도 상세하게 공지하면 좋다.

고객 리뷰, 브랜드 소개 및 홍보 자료

다른 고객들로부터 상품이 어떤 긍정적인 평가를 받았는지, 미디어에서는 어떻게 노출되고 있는지 등은 가장 마지막에 모아서 보여주면 된다. 브랜드를 소개하거나 제품 개발 비하인드 스토리를 소개하는 영역도 상세 페이지 하단이다.

오프라인 매장이 있다면 위치 및 영업시간 정보와 연예인 PPL Product Placement(제품 간접 광고 : 영화나 드라마에 제품이 소품처럼 등장하면서 홍보로 이어지는 마케팅), 제품 인증 자료 등을 함께 넣으면 내용이 더욱 풍성해진다. 제품 개발 스토리를 소개하며 제작공정을 상세하게 보여주는 것도 고객의 신뢰를 높일 수 있는 한 가지 방법이다.

홍보 자료 예시 뉴욕에서 상품을 사용하는 여성들의 모습, 아마존에서 판매되고 있는 내용 등을 통해 상품의 인기를 보여주고 있다. (출처: 홈앤쇼핑앱, 'PRPL_피알피엘 립&쌔도우 토탈 뷰티박스 아듀 패키지')

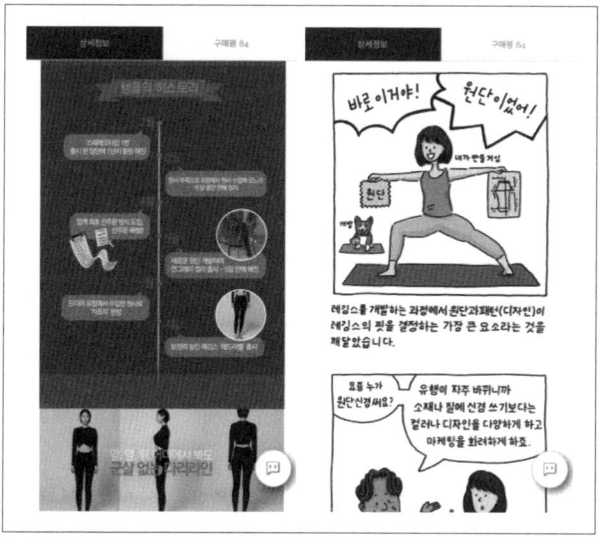

브랜드 히스토리, 제품 개발 비하인드 스토리 예시 상품 개발까지의 히스토리를 도식화하여 이해를 돕고, 제품 개발 비하인드 스토리를 만화 형식으로 설명하고 있다. (출처: 템플레깅스, 'capri hex-gray')

모바일 환경을 고려하라

고객에게 많은 내용을 알려주고 싶어 작은 글씨로 깨알같이 이것저것 다 써두는 판매자들이 많다. 하지만 상품 상세 설명은 '읽히기' 위해서 제작된다는 것을 잊지 말자. 즉 가독성이 있어야 정보로서 가치가 생긴다.

판매자들은 PC를 통해 상품 상세 정보 내용을 제작하고 확인한다. 그러나 고객들은 PC보다는 모바일로 쇼핑한다는 사실을 기억해야 한다. PC 환경은 모니터가 커서 글씨 크기가 작거나 화면이 좀 흐려도 읽기에 무리가 없지만, 모바일은 화면의 제약이 크다. 모바일 환경에 맞추어서 기술서를 제작하면 PC에서는 큼직큼직해 보이지만 문제없다. 따라서 작업은 모바일 환경에 맞추어서 제작해야 하고 확인 또한 반드시 모바일 화면에서 해야 한다.

설득이 지갑을 열게 한다

상품 상세 페이지는 상품의 정보를 전달하는 역할이 최우선이지만, '설득'의 요소를 반드시 포함하고 있어야 고객의 지갑을 열 수 있다. 상세 페이지를 제작한 후에는 정말 나의 상품을 설득력 있게 구성했는지 리뷰를 꼭 해보자. 고객이 나의 상품 상세 화면을 읽어봤을 때 정말 사고 싶은 느낌이 들지 체크해봐야 한다.

이 확인 단계는 무척 중요하지만 여러 자잘한 업무들에 치여서 등한시되기 쉽다. 그럴 때는 체크리스트를 만들어 체크해보는 것도 좋은

| 설득력 있는 상품 상세 화면 체크리스트 |

체크 항목	이행 여부
01 모바일에서 보았을 때 글씨 크기(본문 폰트 최소 25pt 이상)는 적당한가?	
02 사진의 퀄리티는 우수한가?	
03 사진은 위아래로 한 장씩 크게 배열했는가?	
04 무엇을 팔려고 하는지 바로 알 수 있는가?	
05 표현은 간략하게 되어 있는가? 더 간단하게 표현할 방법은 없는가?	
06 이미지 기술서는 쇼핑몰 등록 가이드에 맞춰 제작되었는가? (가로 사이즈, 파일 형식, 파일명 등)	
07 읽어야 할 정보가 너무 많지는 않은가?	
08 모바일상에서 글씨가 깨지거나 이미지가 흐려 보이거나 복잡해 보이지 않는가?	
09 텍스트 설명보다는 이미지나 도식을 많이 사용했는가?	
10 내 상품의 필수 정보가 빠짐없이 표현되어 있는가?	
11 내 상품만의 차별화 포인트가 부각되어 있는가?	
12 상품 상세 화면을 훑어보면 상품의 구성부터 배송까지 느낌을 파악할 수 있는가?	

방법이다. 또한 상세 페이지를 강약 있게, 리듬감 있게, 입체적으로 만들어보자. 중간중간 시선이 머물 수 있도록 텍스트 크기에 변화를 주어 강약과 적절한 여백을 삽입한다. 제목 영역 등은 디자인으로 구분

하고, 상품의 설치 방법이나 활용법, 조리법 등 순서 설명 등 글로 풀어 쓰면 너무 장황해지는 부분들은 도식화하거나 동영상으로 제작한다.

콘텐츠는 친절하고 풍부하고 가독성 있게 제작해야 한다. 글씨가 너무 많아서 고객이 질리거나 피곤해하지 않도록 정보의 양을 조절한다. 더불어 고객이 상품 상세 정보를 기분 좋게 받아들이도록 적절한 색감을 사용하는 것도 좋다. 전체적으로 짜임새 있게 구성하고 디자인을 하는 것이 중요하다.

5

내 상품을 상위 노출하는 방법

노출이란 무엇인가?

상품 등록 과정을 무사히 끝냈다면, 이제부터는 실제 판매를 위해 노력을 기울여야 한다. 상품의 판매란 내 상품을 구매하고자 하는 고객들이 있어야 이루어지는데, 그러기 위해서는 일단 고객들이 내 상품의 존재를 알고 있어야 한다. 따라서 상품의 노출은 구매로 이어지는 가장 기본적이면서도 필수적인 구매 전 단계의 마케팅이라고 할 수 있다. '1+1', '할인쿠폰', '최저가' 등등의 프로모션이 아무리 붙어 있더라도 고객에게 선보일 기회가 없다면 매출로 이어지기가 쉽지 않다.

쇼핑몰 안팎 상품 노출 영역의 특징

노출은 쇼핑몰 안과 밖의 여러 영역에서 이루어진다. 쇼핑몰 안, 외부 사이트, 마케팅 영역으로 나누어 각 노출 영역의 특징을 살펴보면 다음과 같다.

쇼핑몰 안

쇼핑몰은 베스트 매장, 시즌 기획 행사 매장, 기간 한정 특가 매장 등 상품 판매 매장의 콘셉트에 맞춰 정해진 로직과 정책에 따라 노출된다. 노출 방법은 세 가지다.

운영자 상품 선정 매장에서 잘 노출되려면 상품 취합 공지를 주의 깊게 살피고 운영 정책(취합 상품군, 가격대, 특가 구성 여부 등)에 따라 경쟁력 있는 가격과 구성으로 상품을 기획하여 제안한다. 이때 네이버에서 가격 비교를 하여 가격이 경쟁력이 있는지 반드시 확인하고 최저가로 제안하면 상품 선정 가능성이 높아진다.

쇼핑몰 차별화, 특화 기획 매장에 상품을 제안하면 해당 매장 외에 검색 결과 등에서 추가로 상위 노출 기회를 얻을 수 있다.

자동 운영 매장은 일정한 기준에 따라 자동으로 노출 순서가 정해지고 변경되기 때문에 상품을 제안하여 노출하기 어렵다. 노출 기준에 맞으면 자동으로 노출된다. 매출 실적(누적, 최근), 상품평(개수, 점수), 찜, 좋아요 등이 주요 노출 기준이다.

상품 판매 매장뿐만 아니라 검색 결과에 따라서도 노출되는데, 이때 역시 로직과 정책에 따라 노출된다. 따라서 상품을 등록하는 단계에서는 쇼핑몰의 검색 로직을 파악해야 한다. 매뉴얼 읽기, MD와의 상담을 통한 정보 획득, 인터넷 자료 조사 등의 방법을 사용한다. 키워드를 선정하고 입력한다. 검색 당시의 관심사에 따라 고객이 입력하는 단어가 달라지기 때문에 주기적인 관리가 반드시 필요하다. 자주 업데이트하도록 한다.

상품 판매가 이루어진 후에는 상품평, 찜 수, CS 점수(처리율, 처리 시간 등)를 확인해야 한다. 그리고 쿠팡 로켓배송, G마켓 스마일 배송 등 배송특화 서비스 참여 여부도 노출 순위를 정하는 데 점수로 반영된다.

외부 사이트

포털 사이트(네이버)의 경우 판매자가 입점해 있는 쇼핑몰에서 포털 사이트가 요청하는 EP[Engine Page](포털에서 상품을 등록하고 가격을 자동으로 업데이트할 때 필요한 상품 목록 화면) 가이드에 맞춰서 제공한 상품 정보가 최저가 등의 정렬 기준에 따라 노출된다. 이때 네이버 쇼핑 랭킹순(적합도 지수, 상품의 인기도와 신뢰도를 지수화하여 순위 부여)으로 기본 정렬되고, 광고 상품의 경우는 별도의 기준으로 상단 정렬된다. 그 외 리뷰 많은 순으로 고객이 정렬을 선택할 수 있으므로 리뷰에 대한 수집 및 관리가 중요하다.

제휴 형식으로 타사 온라인 쇼핑 플랫폼에 입점한 경우 해당 제휴 쇼핑몰 안에서 노출되는데, 제휴 매장 운영 방식에 따라 노출된다. 입점몰 외에 제휴몰 내에도 추가 노출된다. 예를 들어 오픈마켓에 있는 '홈쇼핑' 또는 '백화점' 매장 안에 홈쇼핑, 백화점몰 입점 판매자의 상품이 노출된다.

마케팅

앱 푸시(앱 알림), 메일, SMS 마케팅의 경우 매출 실적 올리기, 상품 홍보, 신규고객 유입 등 마케팅 목적에 따라 알맞은 상품이 선정된다. 쇼핑몰의 가입 고객을 대상으로 발송하는 메시지이므로 마케터는 쇼핑몰 타깃 고객들이 반응할 수 있는 상품으로 제안한다. 최저가, 최대 구성 등 파격적인 프로모션으로 고객을 유인할 수 있도록 기획해야 한다. 이때 고객의 주목을 끌 수 있는 마케팅 문구도 중요다. 재미있고 눈에 띄는 인상적인 문구를 기획하여 제안하면 채택될 가능성이 높다.

광고는 집행의 목적과 마케팅 효율지표(CPP, CAC)에 따라 광고 소재가 선정되고 자주 교체된다. 참고로 CPP[Cost Per Purchase]는 구매 건당 비용이고, CAC[Customer Acquisition Cost]는 신규고객 획득 비용을 말한다. 마케팅 소재로 상품을 제안할 수 있으나 마케팅 집행은 쇼핑몰에서 직접 비용을 지불하는 광고이므로 제안한 상품의 효율이 좋지 못하면 바로 교체될 수 있다. 고객의 관심과 유입을 끌 수 있는, 단가가 낮고 파격 할인된 가격의 트렌디한 상품으로 제안하면 효율을 높일 수 있다.

많이 노출되는 상품이 우수한 상품일까?

상품 판매량이 높으면 상위에 노출될 수 있지만 '상위 노출 상품=상품의 질이 좋음'이라는 등식이 반드시 성립하는 것은 아니다. 그러나 상단에 있는 상품은 다른 고객들도 많이 구매한 것이고 상품평도 많이 달려 있기 때문에 고객들은 믿고 살 수 있는 상품이라고 판단하고 그 상품을 구매할 가능성이 크다. 실제로 상품을 보지 못하고 구매하기 때문에 기존 판매 이력이나 상품평 개수, 평가 점수 등에 의존할 수밖에 없기 때문이다. 따라서 내가 아무리 품질이 우수한 상품을 판매하는 판매자라 해도, 고객들의 눈에 띄지 않는다면 상품력을 자랑할 수조차 없다. 고객의 선택을 받아서 상품의 품질을 인정받을 수 있도록 꾸준한 판매 관리와 사후 관리를 통해서 상위 노출 조건을 만들어나가야 한다.

Top 30의 비밀

온라인 쇼핑몰은 24시간 열려 있는 매장이고, 상품을 무한대로 보유할 수 있는 가상의 점포이지만, 고객이 상품을 볼 수 있는 공간의 한계가 존재한다. 즉 고객이 일반적으로 스크롤할 수 있는 영역까지가 실제 매출이 발생하는 매장의 공간이다. 바꾸어 말하면 고객이 쇼핑몰에 들어왔을 때 별도의 스크롤을 하지 않아도 되고 제일 먼저 눈에 띄는 상단 영역에 노출된 상품들이 가장 잘 팔린다.

하나의 쇼핑몰 매장에서 상위에 노출된 상품 30개가 그 매장 전체 매출액의 70퍼센트를 차지한다. 30개 아래의 상품은 클릭전환율이 절반 이하로 떨어진다. 상품을 사려고 탐색하는 과정에서 고객들도 지쳐버리기 때문에 매장 아랫부분에 노출되어 있는 상품은 고객의 선택을 받을 가능성이 급격히 낮아진다.

노출을 매출로 이어가기

상품의 판매 이력이 축적되었거나 광고를 통해서 상위 노출되었더라도 이 노출을 구매로 연결시키지 못하면 모처럼 얻은 좋은 기회를 날리는 것이다. 상단에 노출된다는 의미는 고객의 상품 접근성이 좋아졌다는 뜻이지, 구매를 담보하는 것은 아니기 때문이다. 이렇게 좋은 판매 기회가 주어졌을 때는 반드시 매출로 연결시켜야 한다.

다음의 '상품 구매 고객 동선' 순서도를 보자. ①의 '결과 만족'에서

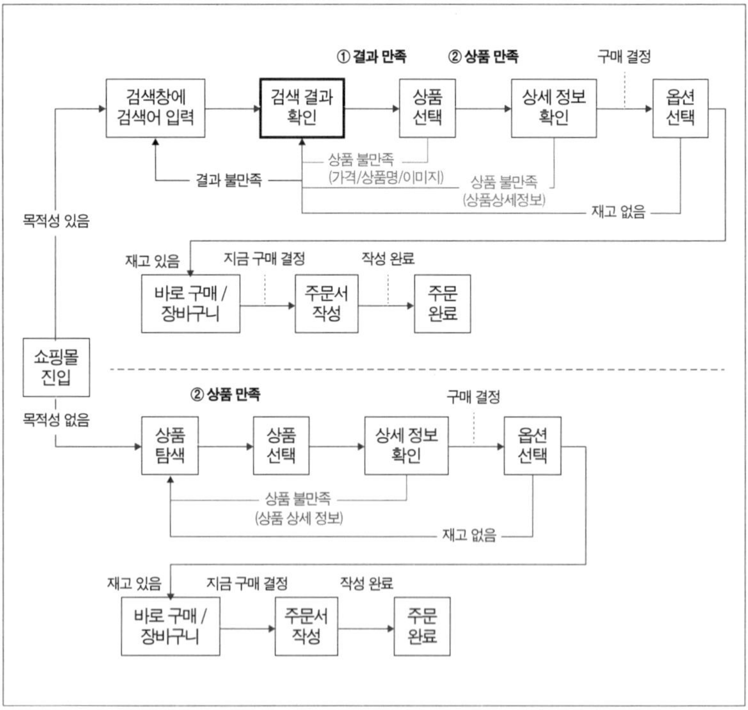

상품 구매 고객 동선

가장 중요한 요소는 '상품 가격, 상품명, 대표 이미지'다. 왜냐하면 고객은 검색된 상품들 중에서 위의 세 가지를 먼저 살펴보고 그중 더 상세하게 보고 싶은 상품을 선택하기 때문이다.

②의 '상품 만족'에서 가장 중요한 요소는 '상품 상세 내용'이다. 고객이 상품을 선택해서 상세 내용을 보려고 할 때는 이 상품을 구매하고 싶은 생각이 있기 때문이다. 상품 상세 화면까지 들어온 고객에게 상품의 특징, 장점, 사용법, 고객평, 배송 시 모습 등 다양하고 유용하며 충실한 상품 정보를 제공하여 구매로 이어질 수 있도록 하자.

상품 노출 시 고객의 구매전환을 높이는 방법

상품명은 브랜드, 제품명, 구성이 상품명에 명확하게 표현되도록 작성한다. 고객에게 생소한 생산자 기준의 제품 모델명이 상품명에 노출되지 않도록 한다.

'상품 구성을 보여주는 대표 이미지 예시' 사진의 왼쪽 사례는 상품에 포함된 구성을 대표 이미지와 상품명에 표현해주어 고객이 상품 상

상품 구성을 보여주는 대표 이미지 예시 같은 구성의 상품임에도 왼쪽은 한눈에 구성을 파악할 수 있으며, 오른쪽은 이미지를 지나치게 간략화하여 빈약해 보인다.

세 내용을 보기 전에 미리 구성을 파악할 수 있도록 하였다. 반면 오른쪽 사례는 왼쪽과 동일한 구성의 상품인데, 상품명과 대표 이미지가 간략하게 표현되어 고객이 상품 구성이 빈약하다고 느낄 수 있다.

상품 대표 이미지는 한눈에 어떤 상품인지 식별할 수 있도록 정확한 상품 이미지를 정면에서 촬영해야 한다. 모바일 화면으로 보면 이미지가 작기 때문에 이미지 위에 글씨를 쓰거나 불필요한 장식을 하여 상품 이미지를 가리지 않도록 구성한다. 상품 구성이 풍부한 경우에는 구성 상품이 함께 노출될 수 있도록 해야 한다.

상품 식별이 용이한 대표 이미지 예시 왼쪽은 모델이 착용한 이미지를 사용하여 알아보기 쉽지만 오른쪽은 상품과 배경색이 잘 구분이 가지 않아 식별이 어렵다.

'상품 식별이 용이한 대표 이미지 예시' 사진의 왼쪽 사례는 모델 착장 이미지를 사용하여 쿨토시 상품인지 쉽게 식별할 수 있다. 또한 옵션으로 tp 가지 색상을 판매하고 있다는 것을 아랫부분에 잘 표현하였다. 그러나 오른쪽 사례는 밝은색 상품 이미지 뒤에 비슷한 계열의 배경색을 사용하여 상품 이미지가 잘 보이지 않는다. 대표 이미지에 배경색을 넣을 때는 상품이 잘 보일 수 있는 색을 선택한다.

상품명 표기의 예시 왼쪽은 상품 상세를 확인하기도 전에 상품명을 통해 구성을 확인할 수 있지만 오른쪽은 고객이 4종 구성의 내용이 무엇인지 확인하기 어렵고 상품명에 생산자 기준의 모델명을 표기하고 있어 고객이 이해하기 어렵다.

상품명 표기 또한 중요하다. '상품명 표기의 예시' 사진의 왼쪽 사례의 경우 상품명에 상품 종류와 전체 수량 등이 표기되어 어떻게 구성되어 있는지 잘 알 수 있다. 그러나 오른쪽 사례의 경우 '내추럴셋업4종' 뒤에 제품 모델명이 나와 고객이 이해하기 어렵다. 이럴 때는 4종의 구체적인 종류를 써주면 고객이 이해하기 쉬워진다.

6

안정적이고 지속적인 매출을 창출하라

마케팅에 영원불변의 정답은 없다

온라인 마케팅 트렌드는 하루가 멀다하고 빠르게 변화하고 있다. 최근 SNS 마케팅이 떠오르면서 인스타그램을 무조건 운영해야 할 것 같은 압박을 받기도 한다. 그러나 1인 또는 소규모 기업을 운영하는 쇼핑몰 판매자가 트렌디한 마케팅 기법을 모두 따라잡을 수는 없다. 게다가 최근 트렌드가 되고 있는 SNS 마케팅이 성공하는 방법은 두 가지인데, 내가 직접 유명한 SNS 스타가 되거나 혹은 유명한 SNS 스타에게 비용을 지불해 PPL을 하는 것이다.

내가 SNS를 운영하는 데 소질이 있고 계정을 꾸준히 관리할 수 있다면 가장 좋지만 그렇지 않다면 비용이 많이 들고 효과는 일회성에 그칠 가능성이 크다. SNS 관리를 잘하는 마케터를 채용해서 마케팅을 할 수도 있지만 담당 마케터가 회사를 그만두면 효과가 반감되는 수준을 넘어서 0으로 떨어질 위험도 있다.

따라서 마케팅은 트렌드를 좇기보다는 현실적이고 기본적인 것들에 집중해서 바탕을 다지도록 하자. 온라인 판매자로서 사업을 하다 보면 최신 마케팅 트렌드를 따라가야 할 것 같은 불안감이 들 것이다. 물론 어떤 트렌드가 있는지 파악하고 늘 정보를 업데이트하는 학습은 중요하다. 그러나 우선은 현재 나의 사업 규모 내에서 개인에게 의존하지 않고, 지속적으로 효과를 내는 마케팅 방법을 찾아내고 먼저 시작해야 한다.

마케팅 목표를 설정하라

마케팅을 할 때는 마케팅을 하려는 목표가 무엇인지 정확하게 해야 한다. 마케팅을 하는 궁극적인 목표는 '잘 팔기 위해서'다. 그렇다면 '잘 판다'는 것은 대체 무엇을 의미할까?

소규모 회사를 운영하는 쇼핑몰 판매자로서 잘 판다는 것은 매출의 관점에서는 '매출의 극대화'가 아니라 '매출의 안정화'여야 한다. 마케팅 효율 지표의 관점에서는 'PV[Page View](사용자가 웹페이지를 열람한 횟수)의 확대'가 아니라 '전환율의 개선'이어야 한다.

매출의 극대화는 모든 사업자가 원하는 것인데, 왜 매출의 안정화를 목표로 삼아야 할까? 매출을 극대화하기 위해서는 그만큼 많은 예산이 필요하다. 대기업에서는 마케팅에 많은 예산을 집행해서 매출을 극대화할 수 있는 재정적인 여유를 가지고 있지만, 소규모 회사를 운영하고 있는 판매자가 자금을 집중해야 하는 마케팅을 지속하기란 쉽지 않다. 또한 매출을 극대화하는 마케팅에 집중하다 보면 그 방법이 더 이상 안 먹히는 순간이 오거나 마케팅 담당자가 그만두었을 때 대안이 없기 때문에 회사의 생존마저 위태로울 수 있다.

따라서 마케팅은 '어떻게 하면 안정적이고 지속적인 매출을 만들어 낼 수 있을까?'가 1차 목표가 되어야 한다. 마케팅 지표의 관점에서도 마찬가지다. PV를 높이려면 비용을 투자해 트래픽이 높은 곳에 광고를 걸면 된다. 즉 유동 인구가 많은 곳에 입지를 얻으면 된다. 그러나 사람은 북적이지만 내 가게에 실제로 들어오지 않는다면? 혹은 들어왔는데 구경만 하고 그냥 나가버린다면? 그야말로 빛 좋은 개살구에 지나지 않는다.

내 매장 앞에 사람이 얼마나 많이 붐비는지는 중요치 않다. 내 가게에 온 손님이 물건을 사게 하는 그 활동이 마케팅의 핵심이다. 화려함에 현혹되지 말자. 마케팅이 화려할수록 비용이 많이 들고 비용이 많이 들수록 ROI Return on Investment(투자자본수익률 : 투자된 총자본에서 어느 정도의 수익을 냈는지 나타내는 지표)가 낮아진다는 것을 기억해야 한다. 마케팅은 쉽고 감당할 수 있는 정도의 비용으로, 사람의 개입보다는 시스템으로 운영할 수 있는 방법을 찾아 시행하는 것이 좋다.

마케팅 효과를 높이는 비결

마케팅에 돈을 쓰면 분명 효과가 있다. 그러나 돈을 쓰더라도 기초를 다지고 돈을 써야 마케팅 효과를 높일 수 있다.

마케팅 효과를 높이려면 '상품 상세 페이지'를 제대로 만들어야 한다. 앞에서도 상세 페이지의 중요성에 대해서 언급했는데, 상세 페이지는 고객이 구매를 할지 말지 결정하는 단계다. 따라서 상품의 상세한 정보가 담겨 있고 잘 읽히도록 충실히 제작해야 한다.

쇼핑몰 MD와 매장 운영 업무를 하면서 무수히 많은 상품을 봐왔지만 실제로 잘 제작된 상세 페이지는 많지 않았다. 상세 페이지를 만들 때 상품을 잘 알고 있는 상품 제작자나 쇼핑몰 판매자가 직접 하는 것이 아니라 전문 업체에 맡기는 경우가 많기 때문이다. 핵심을 담아내지 못하는 상세 페이지는 고객에게 진심을 전달하기 어렵다. 상세 페이지의 모든 내용은 판매를 책임지는 판매자의 손에서 직접 나와야 한다. 상품의 특징과 장점이 잘 전달되도록 제작된 상세 페이지의 파괴력을 알아야 한다.

페이스북에 동영상 광고로 엄청난 판매량을 올린 '마약 베개'라는 상품이 있다. 기획자는 이 상품의 장점을 어떻게 표현할까 많은 고민을 하다, 베개 아래 계란을 넣고 사람이 위에 올라서서 계란이 깨지지 않는 모습을 보여주는 아이디어를 찾아냈다고 한다. 이런 내용은 상품에 대해 가장 많이 고민하는 사람만이 만들어낼 수 있다. 잘 만든 상세 페이지는 돈 주고 살 수 없는, 경쟁자가 쉽게 따라할 수 없는 나만의 경쟁력이다. 상품 상세 페이지를 충실한 내용으로 작성하고 특장점을 고객에게 어떻게 전달할지 표현 방식을 고민하여 가독성 있게 구성하자. 그리고 지속적으로 업데이트하자. 판매를 통해서 알게 된 점, 고객의 피드백 등을 통해서 밝혀진 내용을 녹이면서 완성도를 점점 높여나가면 광고 효과 또한 꾸준히 개선할 수 있다.

광고는 신규고객 유입이 목표다

광고는 크게 키워드 광고와 배너 광고로 나눌 수 있다. 광고를 집행하는 채널은 네이버, 다음, 구글 등 포털 검색 사이트와 페이스북 같은 SNS 사이트들이다. 온라인 광고는 오프라인 광고와는 다르게 측정 가능하다는 장점이 있다. 광고 대행사를 통해 집행되는 예산이 효과적으로 사용되었는지 반드시 효율 측정 지표를 통해 확인하도록 한다. 광고는 신규고객 유입이 목표다. 광고를 집행할 때 신규고객 가입이 실시간으로 늘어나는지 확인하면서 광고를 계속할지 그만할지 결정해야 한다.

내가 할 수 있는 마케팅 방법을 찾아라

앞서 SNS 마케팅 등 트렌디한 마케팅을 하는 데 신중해야 한다고 했지만 내가 직접 할 수 있다고 하면 이야기가 다르다. 누군가 대신해주는 마케팅이 아니라 내가 블로그나 카페를 오랫동안 운영했거나 페이스북, 인스타그램 등 SNS 채널에 팔로워가 많다면 적극 활용한다.

다만 이런 마케팅은 꾸준히 해야 한다. 쇼핑몰 판매가 본격화되고 사업의 규모가 커지다 보면 혼자서 모든 채널을 관리하기 어려운 상황이 온다. 그러나 그럴 때도 꾸준히 업데이트하고 나의 팔로워들과 소통할 수 있다면 이만한 마케팅이 없다.

7

고객서비스 만족도가 사업의 성패를 결정한다

앞으로 팔고 뒤로 밑지는 장사

문전성시를 이루는 가게는 장사를 시작하려는 모든 사람들이 꿈으로 여기는 자기 사업의 미래 모습이다. 그러나 정말 눈코 뜰 새 없이 바쁘게 일하고 매상도 하늘을 찔렀는데, 월말에 이것저것 나가는 비용을 제외하고 나니 마이너스인 경우가 있다. '많이 파는 것'과 '많이 남기는 것'은 다른 문제이기 때문이다.

'판매'는 시장에서의 영향력과 관련이 있고, '이익'은 사업을 계속 유지할 수 있느냐와 관련성이 크다. 결과적으로는 판매량을 높여야 사업의 규모를 확대할 수 있다. 그러나 이제 막 걸음마를 시작했는데 갑자기 100미터 달리기 선수가 될 수는 없다. 사업 규모를 확대하기 위해서는 밟아야 할 단계가 있고, 그 첫 번째가 사업을 지속할 수 있는 기본 수익 구조를 다지는 것이다. 사업의 규모를 확대하는 것은 그다음 단계다.

유통 시장에서 다른 판매자보다 상품 매입을 많이 할 수 있을 정도로 판매 채널이 탄탄하게 구축되었다면 내게 좋은 상품을 더 경쟁력 있는 가격에 제안해오는 사업자들이 많아질 것이다. 그러면 대규모 물량을 확보하여 유통, 판매할 수 있는 영향력 있는 사업자가 될 수 있다.

비즈니스 업계에서 누구나 한번 만나고 싶어 하는 '큰손 사장님'이 되기 위해 바닥에 발을 단단히 붙이고 고비들을 버텨내서 사업을 유지하는 목표부터 달성해내자. 그러기 위해서는 앞으로 팔고 뒤로 밑지는 장사를 하지 말아야 한다. 적게 팔더라도 내실 있는 매출 실적을 만들 수 있어야 사업이 커졌을 때 안정성을 가질 수 있다.

순주문율의 개념

많이 팔았는데 남는 게 없는 가장 큰 이유는 '순주문율'이 낮기 때문이다. 순주문율은 상품의 판매 후에 발생하는 취소, 교환, 반품을 제외하고 실제 고객이 상품을 배송받아 판매가 완료되어 대금이 회수된 주문비율을 의미한다. 온라인 쇼핑몰에서 순주문율의 개념이 중요한 이유는 취소 또는 반품이 오프라인 가게에 비해서 더 쉽게 일어나기 때문이다. 고객이 상품을 직접 만져보거나 눈으로 보지 않고 구매하기 때문에 고객은 상품 수령 후 일정 기간 상품의 구매 결정을 취소하거나 상품을 반품할 수 있는 법적인 보호를 받는다. 이는 공정거래위원회에서 관리하는 '전자상거래 등에서의 소비자보호에 관한 법률'이라는 국가법령에 명시된 사항이다. 따라서 쇼핑몰 판매를 시작할 때 반드시 해당 관계 법령을 조회하여 정확한 청약철회 조건을 숙지하고 대응책을 마련해두어야 한다. 더러는 소비자들 중에서 반품 정책에 위반되는 무리한 반품을 요청하는 경우도 있는데, 판매자로서 불이익을 당하지 않으려면 법적인 내용을 꼼꼼히 확인하여 친절하면서도 단호하게 고객과 협의해야 한다.

과거 양털부츠를 직매입해서 팔 때, 시즌 후반이 되자 곤란한 CS 건들이 종종 발생했다. 이런 반품 요청 중에서 가장 기억에 남았던, 절대 반품을 해줄 수 없었던 건이 있었다.

직매입 상품의 반품 여부는 MD가 1차로 판단을 하기 때문에 소비자 보호 규정에 어긋나는 예외적인 CS가 발생하게 되면 우선 고객센터에서 MD에게 연락을 해온다. 신발은 외부에서 신었을 경우 재판매가 불가능하므로 외부 착화 흔적이 없는 상품만이 반품대상이 된다. 그러나 반품을 요청하는 고객들의 사연 또한 구구절절하기 때문에 고객이 요청한 사유가 예외 반품에 해당하는지는 상품을 받아서 확인하는 절차를 거친다.

겨울이 끝나가던 어느 날 예외 반품이 접수되었는데 사연은 이랬다. '양털부츠 바닥의 양털이 하나도 없어서 발이 시려워 도저히 신지를 못한다'는 것이었다. 상품의 제작 과정에서 바닥 양털 깔창을 부착하지 않은 상품 불량일 수도 있으므로 고객이 구매한 상품을 반품받아서 상품 불량 여부를 파악해보기로 했다. 그런데 고객으로부터 전달받은 상품은 한철 내내 부지런히 신어서 뒷축이 무너진 모습이었다. 이는 반품이 불가능한 경우로, 완강하게 반품을 요청하는 고객을 설득하느라 CS 직원도 MD였던 나도 한동안 피곤했다.

그러나 귀찮다고 쉽게 반품을 허용할 수는 없었다. 상품을 팔아서 판매 목표를 맞추고 이익도 달성해야 하는, 회사를 대표해서 장사하는 입장이었기 때문이다. 그 사건 이후 MD였던 나도 판매자들의 상황을 이해하게 되어, 판매자들에게 무리한 교환이나 반품 건은 슬기롭게 대처할 수 있도록 안내했다. 혹시 판매자가 손해를 떠안는 상황이 오면 고객이 등 돌리지 않게 최대한 기분 좋은 마무리를 하도록 요청했다.

사후 관리에 소홀하면 안 되는 이유

Kshop2018 콘퍼런스에서 1인 기업 글로벌 셀러 사장의 강의를 들은 적이 있다. 처음에는 한 쇼핑몰과 집중 거래를 하여 10명의 직원을 둘 정도로 사업이 번창했는데, 부정적인 댓글 하나로 상품 매출이 수직으로 하강해 결국 다시 회복하지 못하고 신용불량자까지 갔었다는 것이다.

고객 지갑을 열어서 결제하게 하는 것은 온라인 판매의 1단계에 불과하다. 결제 이후부터 2단계가 시작된다는 점을 알아야 한다. 배송은 내가 직접하는 것은 아니지만, 고객의 서비스 만족도에 가장 큰 영향을 주는 항목이다. 따라서 빠르게 배송해주는 택배사를 잘 선택하고,

쇼핑몰 자체 물류창고에서 상품을 배송하는 서비스 등에도 적극 참여하여 배송의 질을 높이도록 한다.

상품평은 수시로 체크하여 상품이나 서비스에 대한 고객의 제안이나 의견이 담겨 있는 경우 기술서에 반영할 수 있도록 한다.

고객의 Q&A에는 빠르고 친절하게 응대해야 한다. Q&A는 공개되어 있는 경우가 많고 구매를 희망하는 고객들이 상품평과 함께 반드시 체크하는 항목이다. 잠재 구매고객이 판매자를 평가하는 공간이므로 신경 써서 진정성 있게 관리하도록 하자.

SR(Service Request)이란 쇼핑몰의 고객센터로부터 접수된 고객의 상품이나 배송 문의 등을 말한다. SR 응대를 소홀하게 하면 벌칙을 부과받기도 하고 고객 클레임으로 발전할 수 있으니, 이 또한 꼼꼼하게 관리하는 습관을 들이자.

8

꾸준히 매출을 관리하라

목표가 있어야 배울 수 있다

목표가 중요한 이유는 자신이 지금 어디에 있고, 잘 가고 있는지 '방향성'을 보여주기 때문이다. 오프라인 가게든 쇼핑몰이든 사업을 시작하는 사장들은 의외로 목표를 세우지 않고 관리도 하지 않는다. 사업에 대한 사전 준비가 그만큼 철저하지 못하다는 의미이자 사업에 임하는 마음가짐이 그만큼 절박하지 않다는 의미일 것이다.

매출 목표를 세우고 치밀하게 관리해야 성공 가능성이 높아진다. 그래야만 설령 내가 원했던 목표에 다다르지 못했거나 사업을 접는 일이 오더라도 어떤 부분에서 미진했는지 정확하게 진단하고 분석해 교훈을 얻을 수 있다. 이러한 지식은 다음 나의 사업을 성공으로 이끌 수 있는 자양분이 된다.

핵심 지표 관리하기

구체적으로 목표를 세우는 방법과 관리해야 할 중점 지표들을 파악해보자.

우선 목표는 최대한 구체적으로 설정한다. 아래는 스마트SMART한 목표 설정의 5가지 원칙이다. 목표는 이 5가지 원칙에 부합하도록 설정한다.

목표를 설정하는 'SMART 원칙'

S : Specific (목표는 구체적이어야 하고)

M : Measurable (측정이 가능해야 하고)

A : Achievable (달성가능하면서도 도전적이어야 하고)

R : Result-oriented (결과 지향적이고)

T : Time-bound (정해진 시간 내에 달성할 수 있어야 한다)

목표별 달성도를 파악하라

관리해야 할 목표에는 매출지표, 효율지표, 고객지표, CS지표가 있다.

매출지표

매출지표의 세부 목표는 매출액과 매출수량이다.

매출액

연, 월, 일별 목표를 수립하고 관리해야 한다. 입점 쇼핑몰이 여러 개라면 입점 쇼핑몰마다 세부 목표를 수립한다. 상품, 마케팅, 인력 등의 총체적인 사업 변화에 따른 결과가 매출액에 영향을 미친다. 사업의 전반적인 영역에서 개선사항을 검토해야 한다.

매출수량

매출액의 보조지표로 관리한다. 운영 상품의 특성, 시즌, 마케팅 비용, 객단가, 프로모션, 재고 상황 등이 매출수량에 영향을 미친다. 시기별, 쇼핑몰별 특성에 따른 상품 포트폴리오를 분석하고 상품별 재고 수급 상황 확인하며 마케팅 전략을 점검한다.

효율지표

효율지표는 판매 가능 상품수, PV, 구매전환율, 객단가다.

판매 가능 상품수

재고 부족, 시즌 아웃 등의 사유로 판매 불가한 상품과 판매 가능한 상품을 정확히 파악해야 한다. 재고 상황, 시즌, 공급업체 또는 제조사의 이슈에 따라 판매 가능 상품수가 변한다. 시즌별, 공급사별 이슈를 파악하고 공급사 확대를 통해 재고를 확보한다.

PV

상품별 관리가 필요하다. 광고 집행, 프로모션 집행, 노출 구좌 추가 확보 때 PV가 상승한다. PV를 증가시키는 각 활동을 진행할 때 PV의 숫자를 기록하여 어떤 활동이 가장 큰 숫자 변화가 있었는지 확인해 마케팅과 프로모션 효과, 비용 집행 규모를 파악하여 줄이거나 늘리도록 한다.

구매전환율

상품을 방문(클릭)한 고객이 얼마나 주문으로 이어졌는지의 비율을 말하는데, 마케팅 등 외부 요인보다는 상품과 상품 상세 정보와 관련이 크므로 상품별로 관리해야 한다. 상품 경쟁력 하락, 인기 옵션의 판매 중단, 경쟁 신상품 출시, 경쟁 상품의 가격 할인 등이 영향을 미친다.

상품 경쟁력이 하락하면 경쟁 신상품 현황을 파악한 뒤, 경쟁 상품의 판매가격을 조사해 상품 경쟁력을 점검하고 인기 옵션 재고를 파악해 개선 대책을 수립한다.

상품 이미지나 상세 정보 내용을 변경했는데 고객이 이해하기 어렵거나 가독성이 떨어지면 변경한 내용이 무엇인지 파악하고 내용을 구성하고 전달하는 측면에서 개선이 필요한지, 내용 자체가 고객에게 부정적인지 파악하여 상품 상세 정보 내용을 수정하고 디자인을 개선해야 한다. 부정적인 상품평이 달린다면 상품평 프로모션 등을 진행해서 긍정적인 상품평을 많이 수집해야 한다. 또한 상품평의 내용을 참조하여 상품과 서비스를 개선할 필요가 있다.

객단가

구매고객의 평균 객단가를 파악해야 한다. 저가 상품 운영이 확대되거나 고가 상품의 매력도가 하락하면 객단가가 영향을 받는다. 경쟁 아이템의 운영 현황(가격대 등)을 파악하고, 운영 쇼핑몰의 고객 특성과 주요 판매 인기 상품의 단가를 파악한다.

고객지표

고객지표는 독립몰을 운영하는 경우에만 관리할 수 있으며 구매고객수, 신규고객수, 재구매고객수 파악을 통해 알 수 있다. 전체 구매고객수는 신규고객수에 재구매고객수를 더한 것이다. 신상품 공급이 더디거나 상품매력도(품질, 가격 등) 하락, 신규고객 유입 마케팅 효율이 저조하면 구매고객수가 하락한다. 이때는 신규고객수의 하락인지 재구매고객수의 하락인지 구분하여 원인을 정확히 파악한다.

고객의 '첫 경험'은 재구매로 이어지는 중요한 시발점이다. 신규고객은 마케팅 광고로 확대할 수 있다. 마케팅 효율이 하락했다면 상품 경쟁력이 떨어졌는지, 광고 대행사에서 인력 이탈이나 업무 변화 등의 이슈는 없는지 등 마케팅 진행 내용을 파악한다.

2회 이상 구매한 재구매고객은 회원등급제 운영, 신상품·특가 상품 알림 등을 통해 지속적인 재구매를 유도한다. 지속적으로 구매할 상품의 공급이 원활하지 않거나 구매 후 만족도 하락한다면 신상품 공급 현황, 구매고객 만족도, 재구매 마케팅 등 상황 파악이 필요하다.

CS지표

교환/반품률

고객이 상품정보를 통해서 파악하고 예상했던 상품과 실물이 다르거나 질이 나쁜 경우 교환/반품률이 올라간다. 상품수급 및 배송, 공급 상품의 질 변화를 파악하고 공급사, 배송사 등의 이슈나 QC(Quality Control)(품질관리) 부분 변화를 확인하여 대응한다.

CS처리율

CS 처리는 사후 관리와 재구매 유도를 위해서 기간 내 처리를 목표로 하여 관리한다. 주문량 급증, 배송 이슈, 제조 상품의 변화를 파악하고 CS 급증 시기를 파악하여 인력을 투입해야 하며, CS처리 직원의 업무 효율을 점검해야 한다.

9

효율성을 높여 사업을 확장하라

먼저 전문가가 되어야 한다

쇼핑몰 판매자로서 사업에 대한 이해가 생겼고, 상품의 공급 프로세스가 안정화되었으며, 상품의 판매를 위해서 어떤 활동을 하면 되는지 감이 잡혔다면 이제 이 일을 나의 주업으로 삼을 것인지 그냥 소소한 부업으로 계속 운영할 것인지 결정해야 한다. 사업을 확대하여 제대로 해보겠다고 생각하는 순간부터 어떠한 방식이든 투자의 규모는 기존보다 커지고 위험부담도 커지기 때문에 꼼꼼한 준비가 뒤따라야 한다.

사업을 확대하겠다고 결심했다면 작은 변수에도 흔들릴 수밖에 없는 개인 사업자로서 안정적인 발판을 어디다 둘 것인지, 핵심적인 사업 영역이 어디인지 명확하게 하고 전문화하자. 사업을 확대하기 위해서는 전문화가 바탕이 되어야 한다.

상품 제조를 한다면 상품의 경쟁력이 나의 가장 중요한 자산이 되어야 한다. 유통 채널이 언제 어떻게 바뀌더라도 상품 본연의 경쟁력은 유지되기 때문이다. 상품을 제조하지 않고 유통만 하는 온라인 전문 판매자라면 온라인 유통 전문가가 되도록 해야 한다. 유통 전문가가 되어야만 많은 거래처와 브랜드를 확보할 수 있기 때문이다.

한 주방 테이블 웨어 브랜드와 계약해서 그릇을 온라인으로 판매하기 시작했다고 하자. 그러나 공장 사정이나 수입 통관 절차 등에 문제가 생겨 재고가 부족해지거나 고객들이 선호하는 모델이 단종되는 등 내가 통제할 수 없는 일들로 인해 나의 쇼핑몰 판매에 큰 차질이 발생할 수 있다. 그러므로 특정 상품군의 온라인 판매 전문가로서 경험과 노하우를 쌓아가며 상품의 거래처를 두세 곳 이상 확보할 수 있다면 한 거래선에서 예기치 못한 상황이 발생하더라도 갑작스레 매출이 바닥을 치게되는 리스크는 피할 수 있다.

쇼핑몰 판매자로서 사업을 키우는 방법

쇼핑몰 판매자로서 사업 규모를 키우는 방법은 세 가지가 있다. 운영하는 쇼핑몰의 개수 또는 상품수를 늘리거나 현재 판매하고 있는 상품을 더 많이 파는 것이다.

운영하는 쇼핑몰의 개수를 늘리려면 추가로 쇼핑몰에 입점하면 된다. 입점 쇼핑몰 수를 확대하는 것은 운영 상품수를 늘리는 것보다는 쉽지만 이 또한 지속적으로 관리해야 하는 대상이 늘어나는 일이다.

운영 상품수를 늘리는 방법은 좀 더 어렵다. 우선 어떤 상품을 몇 개까지 늘릴 것인지 단계적인 계획을 세워야 한다. 상품의 종류를 늘리려면 내가 원하는 상품을 보유하고 있는 거래처를 찾아야 한다. 처음에는 거래처를 늘리기보다는 핵심 거래처에서 취급하는 상품수를 점차 늘려나가는 전략이 효율적이다.

현재 판매하고 있는 상품을 더 팔겠다는 것은 사업의 확대라기보다는 매출 확대다. 기존 상품의 판매량을 늘리기 위해서는 프로모션이나 가격할인과 같은 판촉 활동이 필요하다. 이러한 판촉 활동은 판매량을 늘리는 데는 도움이 될 수 있지만 마케팅 비용이 추가적으로 발생하여 이익 측면에서는 부정적이므로, 첫 번째 또는 두 번째의 사업 확대 방식과 병행되어야 이익을 보전할 수 있다.

ERRC로 생산성 높이기

실패 없이 안정적으로 사업을 키워나가려면 투자 확대에 앞서 현시점에서 효율화할 수 있는 것들이 무엇인지 찾아서 기존 사업의 내실을 다지는 작업이 선행되어야 한다. 이때 효율화할 수 있는 부분을 찾는 방법으로 ERRC를 정리해보는 것을 추천한다.

ERRC는 경영에서 일의 우선순위를 정하고 생산성을 높이기 위해서 사용하는 방법론으로, 업무에서 '제거해야 할 요소[eliminate]', '줄여야 할 요소[reduce]', '향상시켜야 할 요소[raise]', '새롭게 창조해야 할 요소[create]' 등 네 가지 요인을 발굴해 활용하는 전략 도구다. 즉 기존 사업에서 비효율적인 부분을 찾고, 생산성을 높이기 위해서 필요한 새로운 활동을 정의함으로써 사업의 내실을 다지고 성장할 방법을 찾는 것이다.

개인 사업자는 시간이 곧 돈이다. 대부분의 업무 시간을 어디에 가장 많이 사용하고 있는지 정리해보고 그 업무가 생산성이 있는 업무인지, 인력이나 자동화를 통해서 대체할 수 있는 업무인지 판단해야 한다. 대체 가능한 업무라면 방법을 찾아 제거하거나 투입되는 시간을 줄일 수 있도록 하자.

| 1인 온라인 쇼핑몰 사업자의 ERRC |

제거해야 할 요소	줄여야 할 요소
• 수작업 쇼핑몰 운영 • 수작업 상품 등록	• 주문 확인 후 배송 지시까지 걸리는 시간 • 포장과 배송 준비에 걸리는 시간 • 상품 이미지 촬영과 편집에 걸리는 시간 • 재고 파악과 상품 발주에 걸리는 시간
향상시켜야 할 요소	**새롭게 창조해야 할 요소**
• 시장조사 활동 및 상품 기획 • 특가 상품 및 판촉 행사 기획 • 쇼핑몰 고객 특성에 따른 히트상품 분석과 히트 예상 상품 준비 • 매출 분석, 판매 전략 수립에 필요한 자료 확보 및 계획 수립 • 고객 상품평 확인 및 Q&A 등 고객 응대 절차	• 고객 재구매 마케팅 활동 • 상품 기획과 개발, 제조 • 시스템 자동화

사장으로서 투자 결정하기

업무에서 제거하거나 줄여야 할 요소, 강화하거나 새롭게 만들어나가야 할 요소들이 정해졌다면 이를 어떻게 실행할 것인지 결정해야 한다. 사람을 채용해서 업무를 맡길 것인지 혹은 외부에 대행을 맡길 것인지 아니면 자동화를 할 것인지 항목별로 투자 결정을 해야 한다.

시간을 어떻게 확보할 것인가가 가장 중요하다. 특히 1인 기업이라면 인력의 채용이나 아웃소싱보다는 자동화하는 방법을 우선적으로 고려해볼 것을 추천한다. 인력 채용을 통해 사람의 역량을 활용하는 것이 가장 좋지만 작은 회사는 직원들의 이직이 잦아 일의 지속성이나 안정성 측면에서 긍정적이지 못하다. 또 회사가 어려워지면 직원에게 지급해야 하는 급여가 엄청난 압박으로 작용한다. 아웃소싱은 내부에 인력을 두지 않기 때문에 상황에 따라 쉽게 정리할 수 있다는 장점이 있지만, 일의 노하우가 내재화되지 않는다는 단점이 있다.

사업의 각 단계를 속속들이 알아야 사람을 쓰거나 일을 확장할 때도 그 범위나 방식을 이해하고 진행할 수 있다. 따라서 가급적 자동화할 방법을 찾도록 하자. 월 사용료만 내면 되는 비교적 저렴한 솔루션 등이 많다. 또는 엑셀의 '매크로macro(자주 사용하는 여러 개의 명령어를 묶어서 하나의 키 입력 동작으로 만든 것)' 기능만 잘 활용해도 반복 작업을 크게 줄일 수 있다.

4장

방문고객을 구매고객으로 만드는 마케팅 기법을 익혀라

1

입점은 어려워도 매출은 확보되는 종합몰에 도전하라

진입 장벽이 높을수록 경쟁은 덜하다

종합몰이라고 하면 입점도 까다롭고 요구하는 것도 많으며 비용도 더 들 것 같다는 선입견이 있다. 하지만 이는 반은 맞고 반은 틀린 생각이다. 오픈마켓과 비교하면 입점 절차와 요구 서류, 입점까지 걸리는 시간은 몇 배 이상 까다롭고 길다. 준비하기 쉽지 않은 서류도 있고, 서류 검토에 걸리는 시간도 길기 때문에 종합몰 입점 문턱에서 쉽게 지쳐버릴 수도 있다. 그러나 왜 이렇게 깐깐하게 따지는지 배경을 알고 있으면 힘든 부분들을 감내하는 데 도움이 된다.

종합몰 사업자는 판매자가 장기적으로 믿고 거래할 만한 회사인지 확인하는 서류들을 요구한다. 그리고 판매자가 판매하는 상품이 얼마나 신뢰할 수 있는 상품인지 판단하고자 한다. 종합몰은 오픈마켓처럼 개인 대 개인 간의 거래(C2C)가 아니라 종합몰이 선별한 상품을 고객들에게 판매하는 개념(B2C)이기 때문이다. 즉 종합몰 사업자가 판매 대표로서 판매에 대한 모든 책임을 진다. 이 부분이 판매자가 모든 것을 책임지고 상품을 판매하는 오픈마켓과 가장 큰 차이점이라고 할 수 있다.

따라서 종합몰에 입점했다는 의미는 종합몰 사업자가 '이 상품은 종합몰에서 고객에게 팔 수 있는 상품이다'라는 것을 인정했다는 의미다. 그러한 인정의 과정을 거치는 탓에 진입 장벽이 높은 것이다.

진입 장벽이 높다는 것은 경쟁이 그만큼 상대적으로 덜하다는 뜻도 된다. 실제로 오픈마켓이 취급하는 상품수와 종합몰이 취급하는 상품수는 10배 정도 차이가 난다. 내가 고객이라면 찾고자 하는 상품이 많으면 많을수록 선택의 폭이 넓어져서 좋지만, 판매자의 입장이라면 정반대다. 내가 판매하는 카테고리에 경쟁자가 적으면 그만큼 고객에게 내 상품이 노출될 기회는 올라간다. 영세 사업자로서 오픈마켓에서 온라인 판매에 대한 기초 체력을 쌓고 지식을 습득했다면 종합몰 도전을 망설이지 말자.

상품력과 품질에 대한 신뢰를 얻을 수 있다

고객들은 부지불식간에 '오픈마켓은 가격, 종합몰은 품질'이라는 생각을 한다. 따라서 오픈마켓에서는 가격이 저렴한 상품을 우선 구매하고, 종합몰에서는 가격이 좀 더 비싸더라도 신뢰할 수 있는 상품이라는 기본 생각을 바탕에 깔고 상품을 구매한다. 즉 종합몰 입점을 통해 상품력과 품질에 대한 기본 신뢰를 얻을 수 있는 것이다.

자리만 잘 잡으면 추가 지출이 없다

종합몰은 수수료가 높다. MD와 처음 상담을 해보면 카테고리별 차이는 있지만 대략 15~30퍼센트의 수수료를 제시한다. 내가 상품을 팔기 위해서 지출하는 비용과 남겨야 하는 이익까지 감안하면 만만치 않은 수수료다. 나중에 매출 규모가 커지면 지출해야 할 판매수수료의 규모도 비례하여 커진다.

예를 들어 종합몰에 10퍼센트 수수료를 낸다고 가정하자. 한 달에 100만 원을 판매할 때는 10만 원만 내면 되지만 1억 원을 판매하면 1,000만 원을 내야 한다. 이처럼 종합몰의 기본 수수료는 오픈마켓 대비 두세 배 가량 높지만 특가 상품 진행 시 협의를 통해서 수수료를 낮출 수 있는 여지가 충분하므로, 변동성이 존재하는 부분을 잘 활용하여 수수료를 관리할 수 있다.

오픈마켓은 수수료가 낮은 장점이 있다. 그러나 광고비가 따로 존재한다. 최근 종합몰도 광고 구좌를 운영하기도 하지만 오픈마켓처럼 상품을 등록하는 단계부터 노출에 이르기까지 단계별로 광고를 해야 하는 구조는 아니다.

판매자의 투자로 운영되는 치열한 오픈마켓과 달리 종합몰의 광고 경쟁은 상대적으로 덜 치열하다. 노출 구좌들은 종합몰이 정하는 기준에 따라 운영되고, 이 기준은 종합몰이 정책적으로 관리한다. 따라서 MD와의 상담을 통해서 노출 구좌의 기준을 파악하여 상품을 잘 제안하고 관리하면 마케팅 비용의 지출 없이도 상품을 노출할 수 있는 기회를 얻을 수 있다. 상품 노출 기회를 얻어서 좋은 위치에 상품이 노출되어 판매가 크게 일어났다면 내 상품을 노출하기는 점점 더 쉬워진다. 일단 자리를 잘 잡으면 계속적인 광고비의 추가 지출 없이 상품운영을 할 수 있는 곳이 바로 종합몰이다.

쇼핑몰 사업자와 MD가 나를 위해 일한다

대한민국은 온라인 판매자가 많은 만큼 쇼핑몰 사업자도 많다. 한국은 소비시장 규모가 작음에도 불구하고 온라인 시장에서 미국이나 일본처럼 시장 지배적인 사업자가 없다. 쇼핑몰 사업자들 간의 순위 다툼이 치열한 이유다.

최근에는 온라인 비즈니스 모델 간 경계가 많이 무너지고 있는 추세다. 오픈마켓은 백화점, 홈쇼핑, 마트 등 대형 사업자를 입점시키면서 상품 구색을 강화하고 더욱 거대한 쇼핑몰 사업자가 되고 있다. 종합몰의 경우에는 성장 정체를 겪고 있어 지속적인 성장을 위해서 자본력을 이용해 트래픽을 확보하는 데 집중하고 있다. 네이버 쇼핑에 상품 DB를 제공하여 상품을 노출하는 것뿐만 아니라 오픈마켓과 대형 제휴를 통해서 오픈마켓 트래픽을 활용하기도 한다. 종합몰 스스로가 적극적으로 상품 노출의 기회를 확보하기 위해서 노력하고 있다.

여기서 종합몰의 판매자에게 새로운 노출의 기회가 있다는 점을 이해하자. 내가 오픈마켓에 입점하고 판매를 활성화하기 위해서 부지런히 움직이지 않아도 종합몰이 알아서 내 상품을 여기저기서 팔아준다. 실제로 종합몰이 종합몰 외부에서의 노출을 확대해갈수록 판매자는 새로운 고객을 만날 기회를 얻게 되고, 상품 매출도 확대할 수 있다. 종합몰 사업자와 MD는 나와 함께 뛰어주는 고마운 사업 파트너들인 것이다.

주 고객층이 다르다

종합몰은 진입 장벽이 높아 경쟁이 덜하다고 앞서 설명했는데, 쇼핑몰마다 주로 이용하는 고객층도 다르다. 오픈마켓은 상품의 변화가 빠르고 가격에 예민하게 움직이는 시장으로 주로 가격이 구매 결정에 큰 영향을 받는 10~30대까지의 고객이 주로 이용한다. 반면 종합몰은 TV 홈쇼핑, 오프라인 마트, 백화점 등 전통적인 기존 유통채널이 온라인으로 사업을 확대했다는 배경을 가지고 있다. 따라서 종합몰 이용 고객은 기존 유통채널에 익숙한 40대 이상의 중장년층이 많다. 중장년층 고객들은 활발한 경제 활동을 하는 소비의 주체로서 저연령대 고객에 비해 구매력이 좋다는 장점이 있다.

이들은 꼼꼼히 가격을 비교해서 좀 더 저렴한 상품을 찾아내는 데 노력과 시간을 들이기보다는 약간 비싸더라도 시간을 절약할 수 있는 소비를 선호한다. 종합몰에서는 상품에 문제가 생겼을 때 전화 한 통이나 게시판에 글 하나만 남기면 고객센터 담당자들이 문제를 해결해주며, 상품을 반품해야 할 때도 직접 택배사를 불러서 반송할 필요 없이 종합몰이 불러주는 택배기사에게 상품을 전달하면 된다. 즉 편리함과 시간의 가치를 서비스로 지불하고자 하는 고객들이 더 많이 모여 있는 곳이 바로 종합몰이다.

처음이 중요하다

그렇다면 어떤 종합몰을 먼저 공략해야 할까? 대기업 기반으로 사업 규모도 크고 쇼핑몰의 외형도 멋지고 브랜드도 잘 알려진 종합몰도 있지만 처음에는 상대적으로 규모가 작은, 성장하고 있는 종합몰을 먼저 공략하자. 입점이 상대적으로 쉽고 MD가 훨씬 친절하게 내 상품에 더 시간을 쏟아서 마케팅을 해줄 수 있다.

이 처음 한 번의 입점 경력이 가장 중요하다. 일단 종합몰 입점 이력이 생기면 심사 과정에서 자격을 갖춘 것으로 인정되어 다른 종합몰 심사 문턱도 그만큼 낮아진다. 또한 한 번 해봤기 때문에 입점 준비는 더 쉬워진다. 온라인 판매를 시작했다면 판매 채널을 확보해나가는 과정이 아주 중요하다. 종합몰 입점이 다소 어렵더라도 포기하지 말고 도전해서 기회를 얻어내자.

2

MD가 연락하는 판매자는 무엇이 다를까

사업 초기 버티기

무슨 사업이든 비슷하겠지만 이커머스 사업 또한 초반 매출이 낮은 시기를 잘 버텨야 사업을 지속할 수 있다. 사업 초기를 잘 넘기고 크지는 않아도 실적을 내고 있으면 MD가 연락을 해오기 마련이다. MD를 적극적으로 찾아서 상담하고 협력하는 방법도 있지만 내 상품에 자신이 있는 판매자라면 MD가 스스로 연락해서 대접하는 판매자가 되어 보자. 이런 성취의 경험들이 쌓여야 성공하고 앞서가는 판매자가 될 수 있다.

첫 번째 고비 : 입점

종합몰 입점을 목표로 한다면 입점이 첫 번째 고비라고 할 수 있다. 쇼핑몰의 입점 제안 메뉴를 통해서 입점 제안을 하려면 오픈마켓 입점과는 달리 회사의 안정성을 증빙하는 여러 서류가 필요하다. 그러나 서류만 갖춘다고 입점할 수 있는 것은 아니다.

종합몰 입점에 성공하려면 서류 외에도 MD의 승인이 반드시 필요하다. 그러나 MD는 본인이 담당하는 카테고리의 엄청나게 많은 판매자를 관리해야 하기 때문에 항상 바쁘다. 그리고 쇼핑몰에서 어느 정도의 판매 규모가 되는 판매자 관리에 많은 시간을 할애하므로 신규 입점 심사를 위해 시간을 많이 쓸 수 없다. 그러므로 형식적인 입점 절차가 완료되었다고 해서 바로 입점 승인이 나지 않는다. 바쁜 MD가 서류를 검토할 시간이 필요하기 때문이다. 서류 제출 완료 후 최대 1~2개월이 소요될 수도 있다. 물론 그 사이에 시간 단축을 위해서 MD와 연락 가능한 방법을 찾는 데 각고의 노력을 기울여야 한다.

그러나 처음 한 군데의 입점이 가장 힘들 뿐이다. 오픈마켓이나 독립몰에서 판매를 했던 경험이 있으면 MD가 더 판단하기 쉽고, 종합몰 입점 이력이 있으면 두 번째는 절반 이상 더 쉬워진다. 종합몰은 종합몰이 판매의 책임을 지는 구조이기 때문에 입점의 문턱이 높을 수밖에 없다. 이런 상황을 이해하고 꼭 입점이라는 첫 번째 고비를 넘자.

두 번째 고비 : 상품 등록

입점을 하고 나면 그다음 난관이 상품 등록이다. 상품 등록 시스템은 쇼핑몰마다 다르기 때문에 처음에는 어떻게 사용하는지 매뉴얼을 숙지하고 쇼핑몰에서 진행하는 교육에 참여하여 정보를 얻는 것이 좋다.

오픈마켓의 경우 판매자들 스스로 등록부터 노출까지 담당하고, 더욱이 노출은 광고로 운영된다. 그래서 매뉴얼도 상세하고 교육도 정기적으로 자주 이루어져 시스템을 파악하는 것이 그다지 어렵지 않다.

그러나 종합몰은 쇼핑몰 위탁으로 이루어지기 때문에 교육 내용이 오픈마켓보다 충실하지 않아 교육을 통해 궁금한 내용을 다 파악하기에는 한계가 있다. 오픈마켓에 비해서 필수로 등록해야 하는 내용도 많고, 등록툴도 사용자 친화적이지 않다.

시스템을 통해 상품 등록 이후 판매 및 정산까지의 일련의 과정을 쭉 경험해 보아야 전체 프로세스를 이해할 수 있다. 이 상품 등록과 판매자 시스템을 사용하는 것도 처음 한 번이 가장 어렵다. 등록의 시행착오를 잘 버텨내고 나면 아무것도 아닌 일이 된다.

세 번째 고비 : 상품 등록 후 1~2개월

상품 등록까지의 난관을 헤쳐왔다면, 이제 실제 매출이 발생하지 않는 고비를 겪게 된다. 온라인 쇼핑몰에 등록되어 있는 수많은 상품들은 DB[Data Base](데이터 베이스)라는 저장 공간에 일렬로 줄을 서 있다. 1등으로 줄을 서 있는 상품은 등록된 지 오래되었고 판매 이력이 많이 있는 상품이다. 내가 새로 등록한 상품은 등록되는 순간 그 긴 줄의 가장 뒤에 서게 된다. 고객이 상품을 찾을 때, 내 상품 앞에 줄 서 있던 다른 판매자의 비슷한 상품들이 고객에게 먼저 보인다는 뜻이다. 따라서 판매 이력이 없는 신참에게는 판매의 기회가 쉽게 주어지지 않는다. 내 상품이 판매 이력을 쌓아 서서히 줄의 앞으로 이동하여 고객에게 판매가 좀 더 잘 되는 자리까지 올라가는 데는 시간이 걸릴 수 있다. 실제 상품 등록 후 1~2개월 동안 거의 매출이 일어나지 않았다고 말하는 판매자들이 많다. 내가 쇼핑몰 판매자로서 경험을 쌓아나가야 하듯, 내 상품도 고객에게 노출되고 또 고객의 방문을 받고 주문까지 이어지는 과정을 쌓아야 비로소 의미 있는 매출을 만들어낼 수 있다는 것을 기억하자.

3

쇼핑 채널별 소비 특성을 파악하라

온오프라인 쇼핑의 특성을 이해하자

온라인 쇼핑몰을 보면 상품이 전시되는 메뉴가 있고, 메뉴별로 상품 구매를 제안하는 콘셉트가 있다. 이런 쇼핑몰 메뉴를 '매장'이라고 부른다. 매장의 각 콘셉트는 해당 쇼핑몰에서 정한다. 각 매장의 콘셉트를 보면, 이 쇼핑몰이 어떤 상품을 주로 판매하는지 어떤 행사를 하고 있는지 한눈에 알 수 있다.

쇼핑의 기본 속성은 온라인과 오프라인이 유사하다. 마트에서 쇼핑을 한다고 가정해보자. 고객은 상품이 진열되어 있는 각 코너를 이동하면서 가격, 브랜드, 용량, 성분 등을 비교해 필요한 상품 몇 가지를 장바구니에 넣는다. 온라인 쇼핑몰에서도 고객은 상품의 가격, 브랜드, 성분 등을 비교하고 장바구니에 넣거나 바로 구매한다.

온라인과 오프라인 쇼핑의 가장 큰 차이점은 상품 탐색 방식에 있다. 온라인 매장에서는 '검색'이라는 기능을 통해서 많은 상품을 빠르게 찾을 수 있고, 가격과 구성도 쉽게 비교할 수 있다. 또한 특가 상품 매장, 시즌 기획 매장 등 테마별 매장에서 시즌 상품을 한꺼번에 볼 수도 있고, 관심 있는 카테고리 상품만 모아둔 곳에 가서 쇼핑을 할 수도 있다. 온라인에서 상품 탐색은 마트에서 카트를 끌고 고정된 매대 사이를 돌아다니면서 사고 싶은 상품을 찾아내야 하는 것에 비해 훨씬 효율적이다.

| 온라인 매장과 오프라인 매장의 상품 탐색 차이점 |

	오프라인 쇼핑	온라인 쇼핑
쇼핑 행태	쇼핑 자체가 오감을 이용한 활동	시각적인 정보에 의존한 활동
탐색의 기준	• 상품 간 물리적 거리가 중요함 • 개인의 주관적 필요와 동선 편의성	• 상품의 데이터가 중요함 • 객관적 기준(판매량, 판매금액, 상품평 수 등) 제공
탐색 장소	• 각 고정 매대	• 검색, 쇼핑몰 매장
구매 포인트	• 계획과 경험적 기준에 의해서 판단 – 브랜드 선호도, 개인적 기호 – 과거의 경험 – 충동구매 가능성 큼	• 계획과 데이터 정보에 의해서 판단 – 브랜드 선호 – 판매량 데이터 – 상품평 수, 상품평 내용 – 상품 상세 내용

쇼핑몰 매장별 특성 이해하기

온라인 매장 또한 오프라인의 공간처럼 입체적으로 이해하고 아파트 도면처럼 펼쳐서 시각화하면 이해가 쉽다. 쇼핑몰 매장은 크게 다음과 같은 속성으로 구분할 수 있다. 매장별 매출 비중과 운영 정책은 쇼핑몰에 따라 다를 수 있음을 알아두자.

운영자 선정 매장

시즌, 테마, 판촉을 위해서 운영자가 상품을 선정해 제작·운영하는 매장으로, 쇼핑몰 내 매출 비중이 20퍼센트다. 예를 들어 설 선물 기획 행사, 오늘만 특가, 핫딜, 미세먼지 긴급 상품전, 브랜드 초대전 등이 여기에 속한다. 기획 구성을 위해 주기적인 취합 및 선정 과정이 있다. MD와의 상담을 통해 매장 운영 계획 내용을 획득하고, 특가 상품 등 해당 테마에 부합하는 마케팅 상품을 개발한다. 선정 기준에 맞춰 상품을 제안할 필요가 있다.

자동로직 매장

주간 베스트, 개인 맞춤 추천 매장, 실시간 인기 검색어 매장을 말하는데, 쇼핑몰 전체 매출의 10퍼센트를 차지한다. 판매량, 판매금액, 신규등록, 개인 추천 알고리즘, 실시간 급상승 검색어 등 특정 기준에 의해 상품이 자동 정렬된다. 자동 정렬 기준을 파악하고 상품 코드 관리를 통해서 자동 정렬 기준을 맞추어야 한다.

검색 매장

검색창을 통해 구매가 이루어지는 매장이다. 매출 비중은 60퍼센트다. 검색 결과 노출된 로직을 파악해야 한다. 상품 등록 시 카테고리 설정, 검색 가능한 상품 정보, 상품명과 키워드, 리뷰 관리, 배송 및 CS 관리에 유의한다.

PC 쇼핑과 모바일 쇼핑은 다르다

2007년 아이폰이 세상에 등장한 후로 온라인 쇼핑의 주된 디바이스는 PC에서 모바일로 바뀌었다. 이러한 쇼핑 디바이스의 변화는 고객들이 주로 쇼핑하는 장소와 시간을 바꾸었고 쇼핑몰의 구성과 상품 전시 등 전체적인 온라인 쇼핑의 큰 변화를 가져왔다. 2018년 6월 기준으로 모바일 쇼핑 비중은 61퍼센트를 넘어섰으며 그 전이 속도 또한 매우 빠르다. 이제 온라인 쇼핑을 이야기할 때는 반드시 '모바일 화면'을 떠올려야 한다.

PC 쇼핑은 모니터의 크기가 커 한 화면에 많은 상품을 한꺼번에 볼 수 있으며, 상품 2개 이상을 모니터에 띄워놓고 비교하기가 쉽다. 마우스와 키보드 조작으로 화면 이동이 쉽고, 주문 시 주소, 카드 정보 등을 입력하는 데 어려움이 없다.

모바일 쇼핑은 화면의 크기가 작아 상품 탐색을 위한 핵심 기능(검색, 상품 정렬)만 제공한다. 한 화면에서 보여줄 수 있는 내용이 제한적이고 손가락으로 터치가 불편하여 페이지 이동이 자유롭지 않다. 주문 시에 주소, 쿠폰 적용, 결제수단 선택과 카드 정보 입력 등 손을 사용한 입력 방식이 어렵고 입력창도 PC 쇼핑에 비하여 어렵다.

내 상품이 '어디서 팔리는가'를 이해하는 것이 장기적으로 판매 전략을 세우고 공략 포인트를 잡는 데 매우 중요하다. 많이 팔리는 것이 가장 중요하지만, 어디서 팔리고 있는지를 이해해야 매출이 정체되었거나 떨어질 때 혹은 매출을 키워야 할 때 효율적이고 치밀한 계획을 세울 수 있다.

보통 판매자들은 'MD가 내 상품을 어디에 노출해주었나'만을 중요하게 생각하는데, 안타깝게도 최근 모바일 쇼핑몰은 상품 노출에 사람의 개입이 점점 약해지는 추세다. 즉 MD 또는 운영자가 개입해서 상품을 인위적으로 보여줄 기회가 점점 줄어들고 있다. 상품에 축적된 데이터를 기반으로 상품의 노출이 이루어지고 있는 것이다.

모바일은 판촉에 의한 감성적이고 충동적인 구매가 가능했던 오프라인 쇼핑보다 고객 스스로의 정보 탐색에 의한 선택과 판단을 더 중시하는 쇼핑 공간이다. 이럴 때일수록 기본에 충실하여 고객에게 선택받는 경쟁력 있는 상품을 소싱해야 하고, 그 상품 정보를 어떻게 잘 고객에게 전달할 것인가가 중요하다. 또한 매출 한 건 한 건만을 볼 것이 아니라 매출이 만들어지는 과정을 이해하고, 그 속에서 판매자가 할 수 있는 부분들을 찾아서 실행하는 것들이 필요하다.

내가 판매자로서 양말을 팔고 있다고 해보자. 설 선물 행사에 기획특가 상품을 제안하여 설 선물 행사 매장에 해당 상품이 노출되었다. 그렇다면 이 상품은 또 어디에서 노출되고, 어떤 추가적인 판매의 기회를 얻을 수 있을까?

고객 입장이 되어 설 선물을 찾아보자. 설 선물을 사려고 쇼핑몰에 접속한 고객 중 어떤 고객은 검색창에 '설 선물'이라고 검색할 것이고, '설 선물'이라는 상품명 또는 키워드가 등록되어 있는 상품들이 검색 결과로 나올 것이다. 여기에 내가 제안한 특가 상품이 노출될 수도 있다. 내가 상품명과 키워드를 시즌에 맞게 넣어두었다면 말이다. 물론 설 선물 구매 목적이 아닌 일반 고객들에게도 내 상품이 노출될 수도 있다. '양말'이라는 키워드를 넣어두었다면 양말을 사고 싶은 고객이 상품을 검색했을 때 내 상품이 노출될 것이다. 검색 결과에서 고객이 내 상품을 클릭해봤다면 이 고객이 내 상품을 구매할 가능성은 더 높아질 것이다. 지금 당장은 내 상품을 사지 않았더라도 개인화 추천 매장에 '고객님이 클릭한 상품'으로 내 상품이 노출될 것이고, 나는 이 고객에게 또 추가적인 노출의 기회를 얻는다.

특가 상품이 노출되는 기획 매장은 늘 짧게 운영된다. 기획 매장 운영 기간이 끝나고 내 상품이 노출에서 사라졌다고 실망하지 말자. 매출의 추이는 떨어지겠지만 꾸준히 매출이 발생하고 있다면 기획 매장 내 다른 어딘가, 베스트 매장, 개인화 영역, 검색 매장 등에서 내 상품이 노출되고 있다는 증거다. 이런 선순환을 발견했다면 좀 더 디테일하게 분석해봐야 한다. 기획 매장에 노출되었을 때 어떤 매출이 일어났는지, 어떤 PV가 있었는지, 구매전환율이 상승했었는지 등 내가 보유한 데이터들을 가지고 간단한 분석을 해본다. 그때 발견한 인사이트들을 향후 기획 행사 진행 시 활용하면서 판매 기술을 정교하게 다듬어 나가자.

4

잘나가는 모바일 매장은 접근법이 다르다

매장별로 고객의 쇼핑 목적과 행동이 다르다

쇼핑몰 매장별, 전달 매체별 특성을 이해했다면 이번 장에서는 모바일 매장에 집중해보자. 모바일 쇼핑몰 환경에서 매장마다 잘나가는 상품군은 몇 가지로 분류해볼 수 있다.

기본적으로 쇼핑몰 매장은 고객의 방문 목적에 따라 쇼핑을 편하게 할 수 있도록 설계되어 있다. 각기 다른 쇼핑몰 매장에서 고객이 어떻게 행동하는지 먼저 이해하면 매장 및 매대 구성이 더욱 풍부해질 수 있다.

검색 매장

최근 환절기라 좀 피곤하네. 면역력 강화를 위해서 홍삼을 좀 먹어야겠다.

검색 매장을 이용하는 고객은 위처럼 구매하고자 하는 '상품'이 정해져 있다. 구매 목적이 뚜렷하고, 상품 탐색범위가 좁다는 특징이 있다. 고객은 예를 들어 '홍삼', '정관장' 등 홍삼 관련 키워드를 검색한 후 결과 화면에서 구매 후보를 탐색한다.

카테고리 및 테마 매장

이제 곧 봄인데 옷장을 열어보니 입을 옷이 하나도 없네? 작년 봄에 뭐 입었을까?

카테고리 매장 또는 테마 매장을 방문하는 고객은 '봄옷을 좀 사야겠다'처럼 구매하고자 하는 '상품군'이 정해져 있다. 구매 목적이 불확실하고 상품 탐색 범위는 중간이다. 고객은 의류 카테고리 또는 '봄 신상' 테마 매장 등 시즌 기획 매장을 방문하여 상품을 둘러본다.

개인 추천·테마·베스트 매장, 특가전 외 주요 모바일 매장 전체

생일 기념일 할인쿠폰 사용 기간이 얼마 안 남았네? 뭐 살 만한 거 없나 돌아봐야겠다.

고객이 쇼핑 의사만 있을 뿐 구매 목적은 불투명하다. 이런 경우 고객은 상품 탐색범위가 넓어 모바일 매장의 이곳저곳을 돌아다닌다. 이런 고객은 눈에 띄는 상품(디자인이 우수하다거나 특이한)이나 '특가', '한정수량' 등 마케팅 문구 등에 민감하게 반응한다.

개인 추천매장, 최근 본 상품, 검색, 장바구니

어제 봤던 테팔 프라이팬이 계속 생각나네. 가격은 좀 비싸지만 주방 용품은 브랜드를 사야지.

이러한 고객은 구매 목적이 뚜렷해 기존 탐색 상품에 대한 구매 의사가 있다. 상품 탐색범위는 좁다. 해당 상품 탐색 이력이 있으므로 다시 검색하거나 장바구니 또는 최근 본 상품, 개인 추천 매장에서 상품을 확인한다.

판매 상품의 소비 속성을 이해하자

상품을 구매한다고 생각해보자. 내가 사려고 하는 '상품'이 어떤 '카테고리'의 상품이냐에 따라서 상품 구매 결정 포인트가 달라진다. 예를 들어 '환절기 여성용 보습 크림'을 구매한다고 가정해보자. 어떤 상품을 살 것인가? 보습 크림은 이미용품이다. 이미용품의 경우 사람마다 본인의 피부 타입에 따라 잘 맞는 상품이 있고 혹은 트러블을 일으키는 상품도 있다. 내 피부에 잘 맞았다는 과거의 사용 경험이 계속 그 상품을 찾도록 만든다. 즉 이미용품은 '브랜드 선호'가 강한 상품군이다.

다른 예를 들어보자. 식료품이 떨어져서 식품을 사려고 모바일 매장에 방문했다. 오늘의 상품 코너에 가서 살 만한 게 없는지 둘러보고 있는데 새로 출시된 B 라면이 눈에 띈다. 주로 A 라면을 먹어왔기 때문에 A 라면을 살 수도 있지만, 신제품은 무슨 맛인지 궁금해서 새로 출시된 B 라면을 장바구니에 넣는다.

또 퇴근길에 휴대폰이 울려서 보니 '친환경 아낌없이 주는 휴지! 최대용량 30롤 6팩 증정'이라는 앱 푸시 메시지를 받았다. 지난번에 오픈마켓에서 싸고 용량이 제일 많은 휴지를 샀었다. 앱 푸시 메시지를 보니 지난번 가나다 휴지보다 용량을 더 많이 준다. 아직 가나다 휴지가 절반 정도 남았지만 '아낌없이 주는 휴지'를 사기로 한다.

라면은 가격이 저렴하고 표준적인 맛이 보장된 상품으로 내 입맛에 조금 안 맞더라도 크게 손해 보는 일은 없으니 다양하게 상품을 선택하는 데 큰 고민이 없다. 휴지는 소모성 생필품으로 미리 사두더라도 상하거나 보관상 문제가 없다. 이런 상품은 저렴한 특가 구성이 나왔을 때 미리 사두는 게 더 이익일 수 있다. 이러한 예시처럼 상품별 소비 속성에 따라 구매 포인트가 달라진다.

건강식품은 전형적인 목적에 의한 계획 구매 상품이다. 필요한 효능이 있는 건강식품류가 있고 고객은 그것을 중심으로 상품을 찾는다. 예를 들어 콜레스테롤 수치가 높아 혈관이 좁아진 사람은 혈행 개선 효능이 있는 상품을 찾는다. 비타민 같은 다른 건강식품이 보여도 그것을 사지는 않는다. 건강식품은 고객들이 스치면서 가볍게 고민 없이 구매를 결정하는 전시 매장에서는 거의 판매가 되지 않는다. 오늘의 특가 매장처럼 고객 유인을 위해서 운영하는 코너에서는 팔리지는 않는다는 말이다.

건강식품류는 고객이 선호하는 상품이나 브랜드가 뚜렷하고, 이를 검색하여 구매하는 상품군이다. 따라서 건강식품을 판매하는 판매자라면 검색매장에 대해서 깊이 있게 학습하여 내 상품이 검색결과에 자주 그리고 상단에 노출될 수 있도록 상품을 등록해야 한다.

내가 패션을 판매하는 판매자라면 계절, 날씨, 트렌드의 변화에 민감하게 대응하여 고객에게 미리 상품을 제시하는 전략이 필요하다. 오늘의 특가 매장처럼 고객 유인을 위한 코너에 상품을 적극적으로 노출하여 고객들의 발길을 붙잡아야 한다.

패션 상품군은 검색 매장에서 상품을 검색해서 고르기 보다는 오프라인에서 윈도우 쇼핑을 하듯 여러 테마 매장이나 카테고리 등 긴 상품 탐색의 과정을 거친다. 탐색의 과정에서 넘쳐나는 상품 중 고객의 눈길을 사로잡는 소수의 상품만이 고객의 구매 후보에 포함될 수 있다. 고객의 눈에 띄는 좋은 자리에 상품을 보여주려면 여러 가지 방법이 있다. 광고비를 집행하는 방법도 있겠지만 상품 선정과 전시에 영향력을 발휘하는 MD에게 노출을 요청할 수도 있다. 이때 MD에게 신상품의 반짝 세일, 사은품 행사 등을 기획해서 판매하면 MD가 매출 목표를 달성할 수 있는데 도움이 될 것이라고 제안해보자. 그러면 내가 원하는 좋은 자리를 보다 쉽게 얻을 수 있다.

5

내 상품이 잘 노출되는 키워드를 뽑아내는 비법

검색되지 않는 것은 존재하지 않는 것이다

온라인 쇼핑 기기가 PC에서 모바일로 이동하면서 '검색'은 훨씬 더 중요한 요소가 되었다. PC처럼 큰 화면에서는 고객들이 구매 결정을 위해서 상품을 비교 검색해보거나 쇼핑몰에서 쇼핑을 하면서 동시에 네이버 블로그를 통해서 상품의 내용을 검색해보는 등 보다 다양한 정보를 수집하기가 좀 더 쉬웠다.

그러나 모바일 환경에서는 가격 비교나 정보 탐색이 PC보다는 어렵다. 모바일에서 구매 상품을 찾는 과정은 단순해서 고객은 상품을 찾는 기능에 충실한 검색 기능을 주로 사용한다. 검색되지 않는 것은 존재하지 않는 것과 같다고 말할 수 있을 정도로 검색이 중요해졌다. 상품의 구매를 결정하는 것은 고객, 즉 사람이지만 그 이전에 '검색 엔진'이라는 시스템이 내 상품을 노출하지 않는다면 나는 사람에게 선택받을 기회조차 잃게 된다.

키워드를 선정하라

고객들이 어떤 검색어를 입력했을 때 내 상품이 검색되도록 설정할 것인가가 중요하다. 너무 일반적인 키워드는 많은 판매자들이 사용할 것이므로 검색결과 상단에 노출되기 어렵다. 키워드를 정확하고 풍부하게 설정하면 고객이 내 상품을 더 잘 찾을 수 있다. 상품을 등록할 때 카테고리 정보나 상품명을 정확하게 입력하고 내 상품의 특징과 관련된 소재, 형태, 스타일 등의 단어를 추가적으로 키워드로 넣으면 고객들이 이와 관련 있는 검색어로 검색할 때 검색결과 페이지 상단에 노출될 수 있다. 어떤 키워드를 사용할지 고민된다면 한국 사람들이 많이 이용하는 네이버를 이용해보자. 내 상품을 표현할 수 있는 구체적인 키워드를 선정할 수 있다.

네이버 광고 '키워드 도구' 활용하기

네이버에서 광고주로 등록하면 키워드 간의 월평균 클릭 및 검색수 등을 알 수 있다. 내가 마스크 상품을 파는 판매자라고 가정해보자. 네이버 광고의 '키워드 도구'에서는 고객들이 실제로 마스크와 관련해 어떤 키워드들을 많이 검색하고 있는지 파악할 수 있다.

연관키워드 조회 결과 (1,000개) 다운로드 필터

전체추가	연관키워드	월간검색수		월평균클릭수		월평균클릭률		경쟁정도	월평균노출 광고수
		PC	모바일	PC	모바일	PC	모바일		
추가	마스크 S	82,000	272,200	116.3	3,676	0.15%	1.37%	높음	15
추가	마스크팩	18,800	64,200	89.9	581.7	0.51%	0.98%	높음	15
추가	미세먼지마스크	422,100	1,174,900	854.4	11,864.9	0.21%	1.02%	높음	15
추가	자외선차단마스크	1,330	6,430	23.1	25.8	1.79%	0.42%	높음	15
추가	안전화	15,600	56,700	214.4	1,896.3	1.44%	3.52%	높음	15
추가	자전거용품쇼핑몰	1,170	2,980	87.2	440	7.88%	15.44%	높음	15
추가	패션마스크	3,290	6,480	14.9	232.3	0.48%	3.74%	높음	15
추가	3M방진마스크	12,000	30,600	47.1	48.3	0.4%	0.16%	높음	15
추가	에어리넘	8,660	15,600	88.8	45.8	1.04%	0.3%	높음	15
추가	황사마스크 S	35,200	133,400	143.1	332.2	0.42%	0.26%	높음	15
추가	자전거마스크	2,250	6,110	27.6	16.6	1.26%	0.29%	높음	15
추가	얼굴햇빛가리개	370	1,690	7.4	26.3	2.06%	1.6%	높음	15
추가	바라클라바	2,410	7,060	9.5	29.6	0.44%	0.48%	높음	15

네이버 광고 메뉴 내 '키워드 도구' 화면

키워드로 '마스크'를 검색하면 마스크의 연관키워드가 나오고, 연관키워드별로 월간 검색수, 평균 클릭수, 클릭률 등을 볼 수 있다. 일부 키워드 옆에 붙어 있는 'S'는 '특정 시기나 계절에 따라 조회수와 광고 효과가 급증하는 키워드'라는 뜻이다.

'마스크'의 연관검색어 중에서는 '미세먼지 마스크'가 가장 검색수(42만 건)도 높고 클릭수(854건)도 많다. 클릭률은 '자전거용품쇼핑몰(15.44퍼센트)'이 월등하게 높은데, 이는 검색수에 비해서 클릭수가 높기 때문이다. 즉 '마스크' 연관검색어로 '자전거용품쇼핑몰'을 검색하는 사람은 많지 않지만 검색한 사람들 중 15퍼센트의 사람은 상품을 클릭한다는 것이다. 연관검색어의 클릭 정보는 월, 시즌, 테마, 업종별로 세분화해서 검색할 수 있다.

네이버 자동완성 이용하기

네이버 자동완성은 이용자가 키워드를 입력할 때 검색 엔진이 이용자의 검색 의도를 미리 파악하고 검색의도에 맞는 세부 키워드를 추천해주는 기능이다. 예를 들어 사용자들이 '마스크'를 검색한 후의 클릭 정보 및 상품 등을 살펴보니 '황사 마스크 KF94'의 검색 결과와 동일한 내용을 본다는 정보를 검색 엔진이 수집했다고 하자. 이후 어떤 이용자가 마스크라는 검색어를 입력하면 검색 엔진은 '이런 내용을 찾으려고 '마스크'를 입력하셨나요?'라는 의도로 자동완성 키워드를 보여준다. 즉 이용자를 대신해서 검색 엔진이 이용자가 검색하고자 하는 의도에 맞는 키워드를 미리 추측하여 좀 더 정확한 검색결과를 검색할 수 있도록 키워드를 완성시켜주는 것이다.

판매자로서는 키워드를 찾을 때는 입력한 키워드의 확장된 세부 키워드가 어떤 것들이 나오는지 보면 된다. 즉 사용자가 '마스크'라고 검

네이버 자동완성 화면

색해서 클릭한 상품이나 정보를 살펴보니 '황사마스크KF94' 등의 내용을 본다는 것이다.

'마스크'를 입력한 이용자는 '미세먼지 마스크', '황사마스크 KF94' 등으로 검색되는 결과와 같은 내용을 본다. 따라서 상품 키워드로 '마스크'를 등록하려고 생각하고 있다면, 아래 자동완성으로 나오는 키워드도 함께 살펴보고 추가로 등록하면 고객이 '마스크' 외에 등록한 검색어로 검색할 때도 내 상품이 노출될 수 있다.

연관검색어와 네이버 쇼핑 등록 상품수 파악하기

연관검색어는 이용자가 입력한 검색어와 관련이 있으면서/ 같은 검색어를 사용한 다른 사람들이 함께 검색한 검색어다. 연관검색어는 검색 결과 화면에서 나온다. 상품에 등록할 키워드들을 차례로 검색해서 어떤 연관검색어들이 나오는지 살펴보고 추가로 등록할 키워드 아이디어들을 얻는다.

연관검색어를 계속 클릭해보면 내 상품을 좀 더 정확하고 세분화된 키워드로 표현할 수 있는 키워드들을 선별해낼 수 있다. 정확하고 세분화된 키워드들을 잘 입력해두면 고객들이 키워드를 입력했을 때 검색결과 상단에 내 상품을 노출할 수 있고, 고객 입장에서도 본인이 찾는 정확한 상품이 나왔기 때문에 구매로 이어질 가능성이 더 커진다.

네이버 검색결과 화면에서 스크롤을 내리면 화면 중간에 '네이버 쇼핑'이라는 영역이 나온다. 네이버 쇼핑에서 검색어에 등록된 상품수를 확인할 수 있다. 이용자들이 많이 검색하는 인기 검색어가 좋기는 하지만, 검색결과에 너무 많은 상품이 나온다면 내 상품이 상위로 올라오기 어려울 수 있기 때문에 등록된 상품수를 반드시 살펴본다.

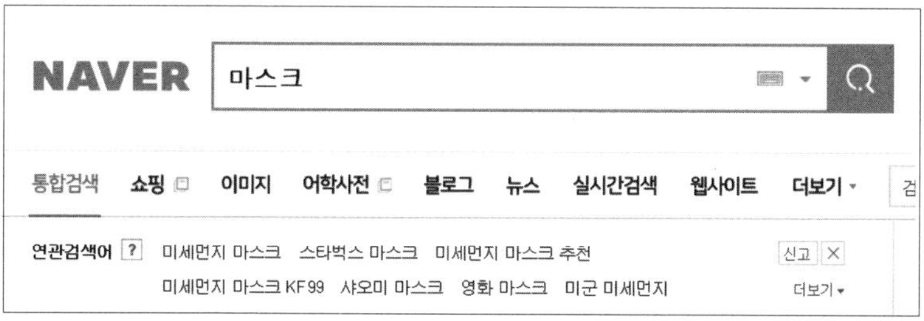

네이버 '마스크' 검색결과 내 연관검색어 화면

우선 네이버 창에 '마스크'로 검색하면 검색결과 상단에 '연관검색어'가 나온다. 마스크를 검색한 사람들이 함께 검색하는 검색어이다. 내 상품에 추가로 등록할 연관검색어가 있는지 살펴본다.

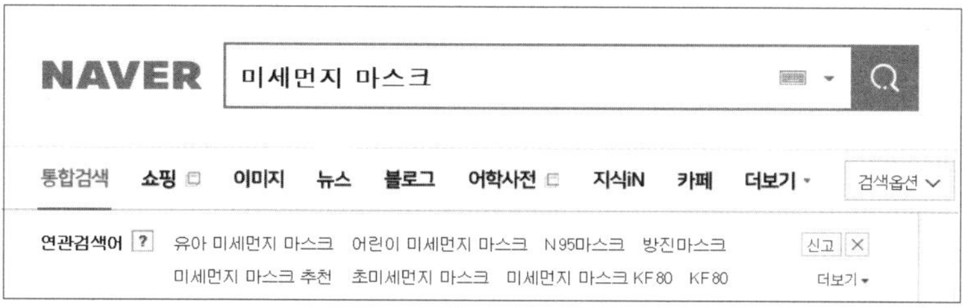

'마스크'의 연관검색어 '미세먼지 마스크'의 연관검색어 화면

'마스크'의 연관검색어로 맨 처음에 나온 '미세먼지 마스크'를 클릭하면 '미세먼지 마스크'의 연관검색어를 볼 수 있다. '미세먼지 마스크'를 검색한 고객들이 함께 검색한 키워드들이다. 내 상품이 '미세먼지

'마스크' 검색어와 연관검색어에 등록된 네이버 쇼핑 상품수

마스크' 관련 상품이라면 여기서 내 상품의 추가 키워드 아이디어들을 얻을 수 있다.

검색어와 네이버 쇼핑에 등록된 상품수도 함께 살펴본다. 검색어가 세분화될수록 등록된 상품수가 줄어든다. 내 상품을 가장 상세하게 표현할 수 있는 키워드를 최대한 추출해내는 것이 중요하다.

네이버 쇼핑 화면에서 카테고리, 키워드, 추천 정보 활용하기

검색 결과 화면에서 단어를 입력하는 검색창 바로 아래를 보면 쇼핑, 블로그, 뉴스 등 주제별 검색 결과 화면으로 이동할 수 있다. 쇼핑 화면으로 이동하면 내가 입력한 키워드에 대한 상품 검색 결과가 세부적으로 나온다. 여기서 쇼핑과 관련된 연관 키워드와 카테고리별로 해당 키워드의 상품수와 추천 키워드까지 확인할 수 있다.

이 영역에서 쇼핑의 연관키워드에는 어떤 것들이 있고, 각 어떤 상품들이 주로 판매되고 있는지 확인할 수 있다. 또한 검색 결과에 따른 카테고리, 브랜드, 차단지수, 키워드 추천, 가격, 배송·혜택·색상 등 다양한 세부 쇼핑 내용도 함께 볼 수 있다. 이 키워드에는 어떤 카테고리

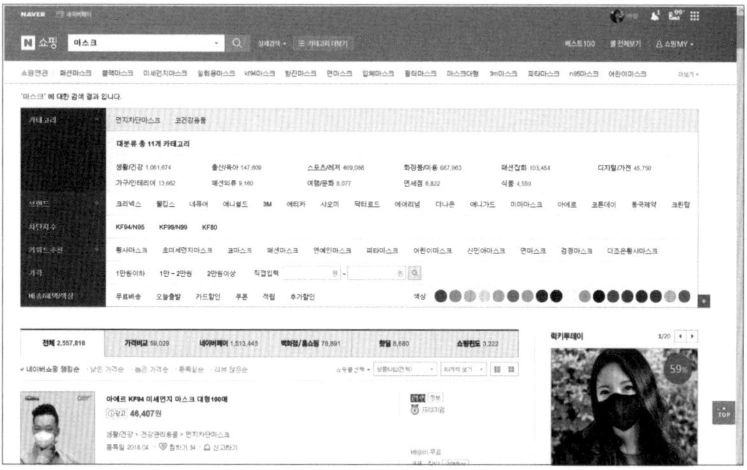

네이버 쇼핑 화면

상품들이 가장 많은지, 주요한 브랜드는 무엇인지, 또 어떤 혜택을 기획해서 판매하는지 등의 정보를 얻을 수 있다.

쇼핑몰별 상위 검색 조건을 숙지하자

고객들이 검색하는 네이버를 비롯한 각 쇼핑몰은 검색결과 노출 순위를 결정하는 방식이 조금씩 다르다. 다행인 점은 주요 쇼핑몰들, 특히 오픈마켓의 경우에는 검색결과 순위에 대한 매뉴얼을 제공하고 있다는 것이다.

MD 시절에 신규 판매자와 미팅을 하고 나서 상품 등록에 대한 부분을 설명하면 보통 10명 중 7~8명은 매뉴얼을 읽지 않고 무작정 시스템 사용부터 하는 경우가 많았다. 그러다 보니 오류도 많이 발생하고,

내용이 완전히 갖추어지지 않은 상태에서 상품을 등록하다 보니 검색 상위 노출에 대한 고려가 되지 않은 경우가 많았다. 빨리 내 상품을 등록해 고객에게 선보이고 싶겠지만 처음부터 차근차근 매뉴얼을 숙지하고 등록하면 보다 빠르게 매출이 일어난다.

또한 쇼핑몰이 운영하는 차별화된 서비스(배송, 특가 서비스 등)에 참여하는 상품은 광고비를 지출하지 않더라도 검색 상위에 노출되므로 반드시 해당 내용을 확인하고 검색 광고 비용을 아낄 수 있도록 한다.

마지막으로 검색 결과 순위는 키워드, 판매 실적과 더불어 판매 후 사후 서비스(배송기일 준수, Q&A 응대 기간 등) 점수가 반영되기도 하므로 판매 후까지 신경 써서 꼼꼼하게 관리하여 내 상품이 검색 결과 상단에 노출될 수 있도록 한다. 검색결과는 너무나 중요하므로 상품 등록 전 체크리스트를 만들어 빠진 것은 없는지 체크하면서 상품을 등록하는 습관을 익히도록 하자.

6

고객의 쇼핑 욕구를 자극하는 매대를 기획하라

매대에서 상품을 구매하는 고객의 심리

마트에 갈 때는 '오늘 마트에서 무엇을 사야겠다'라는 나름의 계획이 있다. 그러나 마트 계산대를 지나서 카트 안을 보면 마트에 갈 때의 계획과는 다르게 다양한 다른 물건들도 함께 구입했다는 사실을 알게 된다. 미리 필요한 쇼핑 목록을 꼼꼼히 작성했더라도 추가적으로 구매하게 되는 상품들이 생긴다. 이유는 여러 가지다. 상품이 저렴해서, 필요한 상품이 눈에 띄어서, 미처 생각 못했는데 장마 시즌이라서, 봄옷을 보니 텅 빈 옷장이 생각나서 등등 '사야 할 이유'들이 생기기 때문이다.

마트를 방문한 고객들은 카트를 끌면서 다양한 매대를 지나가게 되는데 그 매대마다 고객의 지갑을 열게 하는 다양한 전략들이 숨어 있다. 즉 매장을 방문한 고객들에게 계획한 상품 외에 더 사게 하는, 크로스셀링Cross-selling(교차판매 : 고객이 고른 물건과 연관된 상품을 함께 구매하게 하는 것)과 업셀링Up-selling(상향이동판매 : 같은 부류의 상품이라도 보다 가치 높은 상품을 제시해 판매하는 것)의 전략이 마트의 매대마다 숨겨져 있다. 온라인 쇼핑몰에서도 이러한 매대 운영 전략들을 통해서 방문고객을 나의 구매고객으로 만들 수 있다.

지갑을 열 포인트를 다각화하라

모바일 쇼핑몰에서 상품을 보여주는 다양한 방식이 존재하지만 중요한 것은 고객들에게 이 상품을 '사야 할 이유'를 알려주는 것이다. 그렇기에 할인이나 추가구성처럼 직접적인 혜택을 제공하여 판매하는 방식도 좋지만, 이 상품을 사야 하는 이유를 다양하게 제안하여 소비자가 상품을 사고 싶게 만들어줘야 한다.

다음의 여섯 가지 핵심 주제를 활용하여 내 상품의 매력 포인트를 구체화하는 방법을 생각해보자.

여섯 가지 핵심 주제

1. 혜택
2. 상품 특징

3. 브랜드

4. 구매 타깃

5. 쇼핑 테마

6. 시즌, 날씨

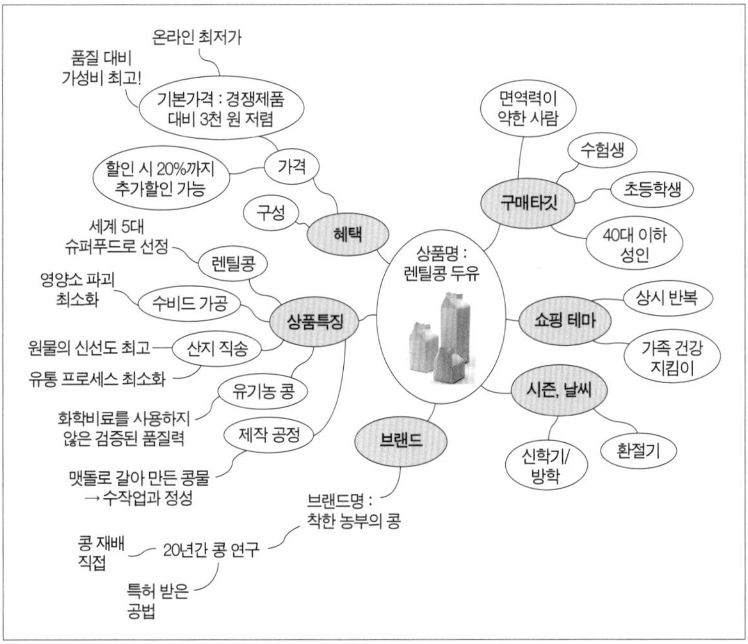

상품 매력 포인트 찾기 마인드맵

여섯 가지 핵심 주제를 나열하고 중요한 순서대로 색깔(빨주노초파남보)을 달리하거나 번호를 매겨 중요도를 결정한다. 주제마다 세부 내용들을 정리하면서 마인드맵을 완성해 나간다. 마인드맵을 정리하다 보면 다양한 관점으로 매력 포인트들을 뽑아낼 수 있고, 각 매력 포인트를 아래 예시처럼 조합해서 마케팅 문구로 사용할 수 있다. 모바일에서는 앱 푸시app push 마케팅(모바일 앱에서 보내는 마케팅 알림 기능)이 기본이므로 한 줄에 10자 내외로 두 줄까지 압축해서 작성한다. 구체적인 작성 예시는 아래를 참고한다.

"환절기 가족건강 지킴이,
슈퍼푸드 렌틸콩 두유!"

"특허받은 두유
오늘만 20퍼센트 할인"

골든 타임 예측하고 대응하기

상품의 검색과 판매에 영향을 주는 외부 요인들이 있다. 상품의 판매량은 시즌과 날씨 변화, 미디어 노출(PPL 또는 연예인이 사용하는 모습이 방송에 노출되었을 때), 사회적 이슈 등에 의해 영향을 받는다. 예를 들어 비가 내리는 날에는 레인부츠와 우산 등의 판매량이 급증하는데, 고객들이 평소에는 생각하지 않고 있다가 비가 내리면 필요를 느끼기 때문이다. 이처럼 상품의 판매에 영향을 주는 외부 요인들에 적극적으로 빠르게 대응하면 효과를 볼 수 있다.

네이버와 구글 등 검색 사이트는 내가 판매하는 상품의 쇼핑 트렌드나 관련 검색어의 검색 트렌드를 함께 제공한다. 검색 트렌드는 어떤 시기에 해당 키워드의 검색량이 증가하는지 미리 파악하고 상품 판매를 사전에 준비할 수 있어서 자주 활용할 것을 권장한다.

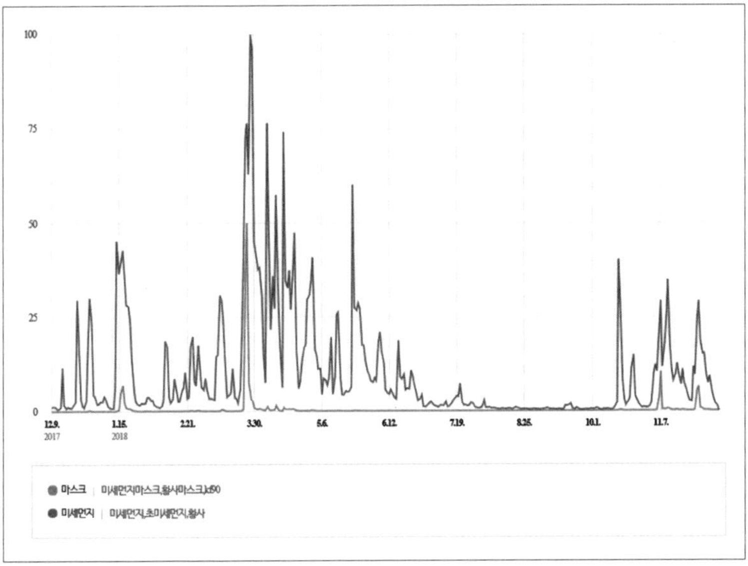

네이버 데이터랩의 마스크, 미세먼지 검색 트렌드

네이버 데이터랩에서 제공하는 검색 트렌드를 살펴보면 미세먼지 검색어와 마스크 검색어의 상관관계를 파악할 수 있다. 미세먼지 검색량이 증가할 때 마스크 검색도 증가하는 것을 볼 수 있다. 따라서 미세먼지 관련 보도가 있을 때 판매 마케팅을 진행하거나, 특가 상품을 기획하여 마스크의 검색 수요가 증가할 때 판매량을 높이는 기회로 삼을 수 있다.

7

MD를 통해 쇼핑몰의 전략을 파악하라

MD와의 관계 구축이 최우선이다

쇼핑몰 판매자로서 사업상 관계를 맺는 사람의 부류는 무척 다양하다. 거래처 사장부터 회사 내부 직원, 고객, 그리고 MD가 있다. 오픈마켓에서는 'CM^Category Manager^'이라고 부르기도 하는 MD는 상품 기획자다. MD들은 판매자의 관리 및 특가·단독 구성 상품 기획, 매장 영역 내 노출, 프로모션 진행 등 협의를 주요 업무로 한다. 대형 온라인 쇼핑몰을 운영하고 있는 회사에는 많은 사람들이 있지만 판매자가 영업적인 관점에서 연락하는 접점은 담당 MD가 유일하다.

MD는 쇼핑몰 내부에서 진행되는 모든 일을 알고 있고, 어떻게 하면 판매를 증가시킬 수 있는지 잘 알고 있다. 상품수를 늘리고 경쟁력 있는 상품을 발굴하며 신뢰할 수 있는 판매자를 입점시키는 이들로, 유통업에서는 가장 중요한 포지션이다.

따라서 나의 상품을 고객에게 잘 선보이기 위한 검색이나 기타 광고 구좌의 활용을 넘어서 더 큰 매출을 확보하기 위해서는 MD와의 협업이 꼭 필요하다. 내가 MD로 근무할 당시에도 적극적으로 연락을 해오고 부지런하게 상품을 제안하는 판매자들과는 더 많은 정보를 공유했고, 그 결과 그 판매자들에게 매출을 높일 수 있는 지원을 더 많이 할 수 있었다. 나와 호흡을 맞춰서 협업한 판매자들의 매출은 지속적으로 개선되었다.

경쟁력 있는 상품이 확보되었고 잘 팔 수 있을 것 같은 자신감이 생겼다면, 그다음 공략해야 할 가장 큰 산이 바로 MD다. MD들은 영업 목표를 달성해야 하는 명확한 목표가 있는 사람들이므로 서로 윈윈win-win할 수 있는 부분을 찾아 반드시 내 편으로 만들자.

MD가 어떤 사람인지 파악하라

온라인 쇼핑몰 판매자는 비대면 영업을 한다. 즉 어떤 누구와의 직접적인 접촉 없이도 매출을 일으킬 수 있다. 그러나 여기서도 꼭 얼굴을 봐야 하는 사람이 있다. 바로 MD다. 컴퓨터를 통해 상품을 등록한다고 해도 어떤 상품을 선택해 적극적으로 판매하겠다고 결정하여 계획을 수립하는 것은 결국 사람이고 MD

의 몫이다. MD와 한 팀이 되어서 호흡을 맞추면서 함께 같은 목표를 향해 뛰어갈 때 영업 성과가 크게 개선된다. 그러므로 판매자는 반드시 MD를 만나야 한다. 일반적으로 MD들은 회사에서 요구하는 여러 가지 업무들이 많아 무척 바쁘다. 그러므로 MD에게 연락을 해서 미팅 약속을 잡되, 최대한 첫 번째 미팅에서 좋은 인상과 의미 있는 성과를 만들어낼 수 있도록 준비하자.

MD가 원하는 판매자가 되어야 한다

MD와 성공적으로 관계를 맺고 향후 판매 활동에 협력을 얻고 싶다면 먼저 MD가 원하는 판매자가 되어야 한다.

판매자인 나의 입장에서 MD는 유일한 그 사람뿐이지만, MD의 입장에서 나는 무수히 많은 판매자 중 하나일 뿐이다. MD들은 하루에도 몇 번씩 판매자와 미팅을 하고 더 많은 상품을 접한다. 이러한 MD들은 어떤 판매자를 원할까? 나를 비롯한 MD 동료들은 공통적으로 다음의 두 가지를 강조한다.

시장조사를 꼼꼼히 하라

많은 판매자들이 본인의 상품에 대한 애정과 열정으로 본인의 상품을 변론하기 바쁘다. 그러나 그런 상품은 대개 경쟁력이 떨어지는 경우가 많다. 마치 테스트를 통과하기라도 하듯 짧은 시간 안에 MD로부터 'Yes or No'의 대답만을 얻어내려고 하는 판매자가 있다. 이런 판매자를 만나면 미팅을 지속하고 싶은 마음이 사라진다. 판매자들은 상품에 대한 애정이 많은 만큼 시장 상황과 경쟁 현황에 대해서도 많이 알고 온다고 생각할지 모르지만 실제로 대화를 나눠보면 경쟁 상품에 대한 공부가 안 되어 있는 경우가 많다.

시중에 판매되고 있는 경쟁 상품의 종류, 가격대, 기능 등을 살펴서 내 상품의 차별화 포인트를 알고 있어야 한다. 이것은 아주 기본인데 판매자들이 간과하고 있는 경우가 많다. 판매자가 시장에 대한 확실한 지식을 가지고 있을 때 MD도 판매자의 상품에 대한 확신과 신뢰를 느낄 수 있다.

객관적으로 평가하고 차별화 포인트를 공략하라

상품은 판매자의 눈물과 피땀이 서려 있는 소중한 자식 같은 존재다. 그렇기 때문에 더더욱 엄격한 기준으로 그 상품을 평가할 수 있어야 한다. 그래야 그간 고생했던 내 상품이 더 빛을 발할 수 있다. 내 상품의 부족한 부분을 인정하고 이를 개선할 수 있는 계획, 그리고 차별화할 수 있는 계획이 있어야 한다.

이렇게 애정과 열정이 있고 공부가 되어 있는, 즉 준비가 된 판매자를 만나게 되면 MD도 열정이 솟고 도와주고 싶은 마음이 생겨 더욱 자발적인 적극성을 발휘한다. MD가 원하는 판매자는 내 상품에 자신만만하여 확신에 찬 사람보다는 진정성을 가지고 겸손한 자세로 임하는 사람이다.

면밀히 공부해서 꼼꼼히 준비하자. 수천만 원에서 수억 원씩 드는 오프라인 매장을 오픈할 때도 평균 준비 기간이 6개월이 안 된다는 말을 어떤 방송에서 들은 적이 있다. 그런 허술한 준비가 곧 폐업으로 이어진다. 3년 내 자영업자 생존율이 30퍼센트를 넘지 못한다고 한다. 이처럼 준비 없이, 공부 없이, 분석 없이 덤비면 무슨 일이든 성공할 수 없다. 이커머스 시장이 아무리 진입 장벽이 낮다 해도 도전해서 성공하기는 무척 어렵다. 성공하고 싶다면 더더욱 기본기를 닦고 기본에 충실해야 한다.

MD의 상사가 원하는 판매자가 되자

온라인 판매자는 직원이 있든 없든 간에 '사장'이다. 그러나 대형 온라인 쇼핑몰의 MD들은 월급을 받는 월급쟁이다. 월급쟁이들에게는 상사가 있고 회사의 지시가 있음을 기억하자. 즉 MD는 회사의 방향성에 따라 업무를 수행하는 조직원이다. 판매자 유치 및 상품 소싱이라는 본연의 업무 외에 판매자들을 독려하여 회사의 정책에 맞는 업무들을 수행해야 하는 경우들도 많다.

가령 최근 V-커머스가 뜨기 시작해 상품 상세 화면 내에 동영상을 제작해서 넣도록 회사가 지시를 했다고 하자. 그러면 MD는 당장 돈은 안 되더라도 동영상 콘텐츠를 제작할 수 있는 판매자를 찾아야 한다. 어떤 경우에는 국가가 장려하는 특정 프로모션에 참여하여 특가 상품을 제공해야 할 수도 있다. 이런 회사의 전략 방향, 상사의 지시 사항에 따라 판매자에게 요청하는 부분이 생길 수 있다. 가능한 선에서 긍정적으로 검토하고 함께 고민하자. 급할 때 먼저 생각나고 상품에 대해서 협의할 수 있는 파트너가 된다면 그 관계가 가져다주는 순기능의 효과는 상당하다. 그러는 사이에 MD와의 유대감도 생기고, 쇼핑몰이 원하는 사업 방향에 대한 정보도 습득할 수 있다.

8

상품에 긍정적인 데이터를 축적하라

데이터 축적의 의미를 이해하라

온라인 판매자가 사업의 기반으로 삼는 온라인 유통 시스템은 디지털 세상이다. 디지털 세상은 실체가 없고 0과 1을 기본으로 하는 이진법을 근간으로 만들어진 가상의 세계다. 이 가상 세계 안에서 장사를 잘하려면 '데이터 축적'의 의미를 이해해야 한다.

온라인 쇼핑몰에서 일어나는 모든 활동은 DB라는 물리적, 개념적 공간에 축적된다. 가령 A라는 고객이 방문해서 '우산'이라는 키워드로 검색을 하고 상품을 보다가 다시 이동해서 '어묵' 상품을 클릭해서 상품을 보고 장바구니에 넣어 주문을 했다고 하자. 그러면 DB에는 A 고객의 '1회 방문', '이동 동선', '우산 검색 기록', '우산, 어묵 상품 클릭 기록', '어묵 주문' 등이 기록되어 쌓인다.

온라인에서는 사물에 고유한 번호를 붙인다. 그 고유한 번호는 DB 안에 기록된 내용을 읽어오는 데 사용된다. 예를 들어 내 이름은 '배은지'이지만 같은 이름을 가진 다른 사람이 있을 수 있다. 그래서 누가 '배은지 씨'라고 부를 때 그게 나를 의미하는 것인지 다른 사람을 의미하는 것인지 알 수가 없다. 그러나 내 주민번호는 하나다. 누가 내 주민번호를 부르면 그때는 나를 부른다는 것을 정확하게 알 수 있다.

온라인상에서는 고객과 상품 모두 주민번호처럼 고유한 번호를 부여받는다. 상품이 부여받은 번호를 '상품코드'라고 하는데 상품코드에는 영업과 관련된 모든 기록이 쌓인다. 이 상품은 어떤 카테고리로 분류할 수 있는지, 일정 기간 동안 상품 클릭이 몇 건 있었는지, 반품이 몇 건 있었는지, 몇 개의 상품평이 달려 있는지 등 모든 기록이 쌓인다.

데이터는 많이 축적될수록 그 가치가 급상승하고 영업에 긍정적인 영향을 준다. 온라인 쇼핑몰에서는 상품이 팔릴 때마다 데이터가 축적되고 이를 공개하기 때문에 다른 상품과 비교해 이 상품이 얼마나 잘 팔렸는지 고객이 직접 확인할 수 있다.

따라서 앞으로는 내 상품에 긍정적인 데이터를 어떻게 쌓아나갈 것인가에 대한 개념을 가지고 있어야 한다. 남들의 상품보다 더 많은 데이터를 더 빠르게 쌓으면 유사한 상품과의 경쟁에서 유리한 위치를 차지하게 된다. 게다가 이 데이터를 빨리, 더 많이 쌓은 상품일수록 데이터를 더 잘 쌓을 수 있는 기회를 얻기가 쉽다. 따라서 의미 있는 데이터를 쌓기 위한 초반 투자는 매우 중요하다.

초기 투자의 중요성

한 상품이 데이터를 잘 쌓고 있으면 상품 노출의 관점에서 아주 유리해진다. 온라인 쇼핑몰은 데이터를 기준으로 해서 상품을 노출하기 때문이다. 같거나 유사한 상품이 있을 때 무엇을 먼저 보여줄지는 데이터가 결정한다.

예를 들어 고객이 '휴대폰 케이스'를 검색한다고 하자. 온라인 쇼핑몰에는 수많은 휴대폰 케이스 판매자가 있다. 따라서 '휴대폰 케이스'라는 키워드를 전달받은 프로그램 언어는 휴대폰 케이스라는 검색 속성을 가진 상품들을 고객에게 보여주는데, 동시에 모든 상품을 전부 노출할 수는 없기 때문에 정해진 규칙에 따라 순서대로 출력한다.

이때 상품이 출력되는 순서는 이 상품의 판매 이력을 기초로 한다. 판매 이력에서 중요한 부분은 주문 수량, 주문 금액 등이다. 이러한 과정을 거쳐 휴대폰 케이스를 검색한 고객이 보게 되는 검색결과의 상위 상품들은 결국 잘 팔려서 높은 주문 숫자를 기록한 상품이다.

성실하게 잘 쌓아온 판매 기록이 있다면 쇼핑몰에서 상품을 자동으로 보여주는 매장들, 그리고 운영자에 의해서 노출 상품이 결정되는 매장에서도 좋은 위치를 차지할 수 있다. 이처럼 데이터를 잘 쌓아두면 상시적으로 판매가 꾸준할 수 있는 기반을 쌓게 된다.

프로모션으로 판매를 올려라

내 상품에 쌓아야 하는 핵심 데이터는 두 가지다. '판매'와 관련된 데이터와 '평판'과 관련된 데이터다. 둘 중에서는 판매와 관련된 데이터가 중요한데, 구체적인 항목으로는 판매 수량, 판매 금액, 전환율 등이 있다.

판매를 올리기 위해서는 쇼핑몰이 제공하는 다양한 마케팅 행사를 적극 활용해야 한다. 광고비를 들여서 판매량 데이터를 쌓을 수는 있지만 이를 지속할 수 있는 다른 무기가 없다면 긍정적인 데이터는 얻을 수 없다. 일회성 광고비를 들이기보다는 상품을 중심으로 구매를 유도할 수 있는 프로모션을 지속적으로 기획하자. '1+1 행사', '사은품 행사', '기간 한정 파격 할인' 프로모션 등이 대표적인 예다.

행사를 기획해 MD와 협상을 할 때는 준비한 물량, 판매량 목표 등을 구체적인 수치로 제시해야 설득력이 있다. 그리고 준비한 프로모션을 고객에게 효과적으로 전달할 수 있는 마케팅 수단(상위 노출, 메일, 푸시 마케팅 등)을 제공받을 수 있도록 MD를 설득하자. MD 입장에서는 판매자가 기획한 프로모션이 제공한 마케팅 수단의 비용에 미치지 못한다고 판단하면 마케팅을 집행하기 어렵다고 생각할 것이다. 그럴 때는 어떤 상품 프로모션을 준비해야 마케팅 수단을 지원받을 수 있는지 알아보면 좋다. 판매 데이터를 쌓기 위한 노력은 사업 초기 기반을 빠르게 다질 수 있는 영업 전략임을 잊지 말자.

상품평을 수집하라

판매 실적과 함께 '평판' 역시 중요하게 관리해야 한다. 상품의 평판은 상품평으로 보여줄 수 있다. 따라서 초기에 긍정적인 상품평을 축적할 수 있는 프로모션을 기획하면 좋다. 고객들은 관심이 가는 상품을 살펴볼 때는 반드시 구매 후기를 확인하며, 후기가 없으면 구매 버튼을 누르기 망설인다. 상품이 인기가 없는 것처럼 느껴지기 때문이다.

상품평을 작성하면 사은품을 증정하는 프로모션이 상품평 수집에 유리하다. 상품평이 모이기 시작하면 다른 고객들도 심리적으로 안정감을 가지고 상품을 구매하는 긍정적 효과가 있다. 또한 보다 자발적이고 긍정적인 평을 남길 수 있는 프로모션을 기획하면 좋다. 예를 들어 반려동물 관련 상품을 취급하는 판매자라면 반려동물과 함께 상품을 촬영해서 올리는 프로모션을 기획하면 효과적이다. 취미생활을 하거나 반려동물을 키우고 있는 사람들은 애정을 쏟고 있는 대상을 다른 사람들에게 보여주고 자랑하고 싶어하는 심리가 있다. 이렇게 고객들이 자발적으로 참여하고 싶어하는 재미있는 상품평 프로모션을 기획하면 상업적인 느낌이 덜 들며 고객들도 참여에 거부감을 덜 느낀다.

9

경험이 쌓이면 돈이 된다

데이터가 매출을 결정한다

입점하고 상품 등록 이후 판매가 시작되면 운영 일이 하루를 채워나간다. 매일 새로운 주문이 들어오고 CS가 발생하며 재고가 없는 상품은 발주에 들어가는 등 일상적인 업무가 이어진다. 이러한 '운영'이 하루하루 쌓여 사업을 굴러가게 만드는 것이다. 매일 발끝만 보면서 그날의 주문 건을 처리하듯 진행하지 말고, 운영 내용을 기록해 그 내용이 어떤 결과로 이어졌는지 기록하고 관리하면 개선해야 할 부분들이 보이고, 업무를 어떻게 개선해야 할지 파악할 수 있다.

방문 고객과 주문 고객뿐만 아니라 투입된 마케팅의 효과까지 분석 가능한 데이터로 제공받을 수 있다. 따라서 사업을 추진할 때는 체득한 경험에 의한 감에만 의존하지 말고, 데이터를 수집하고 해석하는 공부를 하고 능력을 키워나가야 한다. 그러면 경험과 시간이라는 자산들이 눈으로 볼 수 있는 데이터가 되어 사업을 탄탄하게 다지고 확장하는 데 큰 경쟁력이 될 수 있다.

데이터가 가치를 가지려면 데이터의 관리가 일회적이어서는 안 된다. 일주일이든 한 달이든 지속해서 쌓아나가야 일정한 경향성을 파악할 수 있고, 데이터가 쌓일수록 예측과 전망의 정확도는 높아진다. 매일 포장하고 배송하고 상품 발주를 넣는 등 바쁜 업무 중에 기록할 시간이 어디 있느냐고 생각할지도 모른다. 하지만 이처럼 몸이 바쁜 업무들을 개선하기 위한 답이 바로 당신의 데이터에 있다.

분석자의 통찰력과 해석이 중요하다

데이터를 수집하고자 마음을 먹으면 자료는 넘쳐난다. 필요한 정보가 있을 때 구글이나 네이버에서 검색을 해보면 무엇이든 나오는 것처럼, 데이터를 수집하고자 하면 수집할 수 있는 데이터들은 의외로 많다. 입점한 대형 쇼핑몰이나 오픈마켓에서는 매출 관련 데이터를 제공한다. 자체 쇼핑몰을 운영한다면 로그 분석 시스템에서 트래픽, 고객 방문 정보, 고객이 본 페이지, 머문 시간 등 고객의 행동을 분석할 수 있는 다양한 데이터를 수집해준다.

그러나 중요한 것은 널려 있는 데이터 자체가 아니라, 그 데이터를 어떤 관점에서 분석할지 결정하는 분석가의 통찰력이다.

데이터는 결과다. 따라서 데이터를 분석하는 사람은 이러한 결과를 가져온 이면에 어떤 영향이 있었는지 쇼핑몰 안에서의 활동뿐만 아니라 날씨, 그날의 주요 사건 등 외부 변수까지 다각도로 고민하고 바라볼 수 있는 시각이 있어야 한다. 데이터 분석 역량은 많이 보고 많이 고민해야 길러진다. 데이터를 낯설어하지 말고 가까이 두고 계속 고민하여 분석할 수 있는 힘을 기르자.

데이터를 활용하려면 먼저 관리해야 한다

옷이 10벌밖에 없을 때는 그냥 옷장에 넣어두어도 어떤 옷인지 다 보이고 입을 수 있다. 그러나 옷이 1,000벌이라면 무슨 옷이 옷장 안에 들어 있는지 도저히 알 수가 없다. 무분별한 데이터의 수집은 1,000벌 이상의 옷을 옷장에 아무렇게나 쑤셔 넣은 것과 같다. 데이터는 많지만 효율적으로 사용할 수 없다는 의미다.

데이터를 활용하기 위해서는 먼저 데이터가 활용될 수 있도록 관리된 상태여야 한다. 색깔·종류·계절별로, 바지는 바지끼리, 상의는 상의끼리 모아둔다면 어떤 옷들이 있는지 더 잘 찾을 수 있고 꺼내서 입기도 쉽다. 데이터 또한 검색 가능하고 정렬 가능하도록 관리해야 한다. 단순히 종이에 끼적여 둔 메모들은 의미 있는 데이터가 되기 어렵다. 데이터는 관리할 항목을 정하고 항목에 따라 값을 입력해야 한다. 데이터를 쌓기 전 필요한 데이터를 어떻게 관리해나갈 것인지 설계해야 한다. 첫 단추를 잘못 끼우면 아무리 많은 데이터를 쌓았다고 해도 그저 버려야 하는 쓰레기에 불과하다.

실패도 기록하면 성공으로 이어진다

데이터를 축적하는 것만큼 경험을 기록하는 것 또한 중요하다. 데이터는 누구나 열람할 수 있지만, 개개인이 몸소 체득한 시간의 가치가 녹아 있는 경험은 누구나 똑같이 열람할 수 없다.

스스로 몸으로 부딪혀 체험하고 익힌 것들이 돈이 되는 세상이다. 그러나 사람은 망각의 동물이다. 이러한 소중한 경험들을 기록해두지 않으면 타고난 이야기꾼이 아닌 이상 다른 사람에게 의미 있는 정보와 이야기로 전달하기가 쉽지 않다. 그렇기 때문에 경험 또한 기록으로 관리해야 한다.

《시노다 과장의 삼시세끼》라는 책이 2018년 한국에서 출간되었다. 저자인 시노다 나오키는 일본의 한 여행사에 다니는 평범한 직장인이다. 그는 1990년부터 자신이 먹은 식사에 대해 그림일기를 그리기 시작했다. 30년 가까이 하루도 빠짐없이 그림일기를 써왔는데 그의 그림일기는 아무나 하기 힘든 일을 꾸준히 해온 그 가치를 인정받아, 결국 책으로도 출간되었고 NHK방송에 소개되는 등 유명인사가 되었다.

온라인 유통 사업을 하면서 실패한 경험이라도 좋고 어려웠던 기억이라도 좋다. 반드시 성공한 것만이 가치가 있는 것은 아니다. 자신의 경험을 꼭 기록하여 남겨두자. 가깝게는 사업을 위해서 도움이 되는 자료가 될 것이고, 멀게는 이 사업을 하고자 하는 사람들에게 들려줄 수 있는 의미 있는 정보로 사용될 수도 있다.

5장

5000만 vs. 76억, 글로벌 셀러에 도전하라

1

온라인 쇼핑에는 국경이 없다

수입 유통 환경의 변화

과거에는 해외 브랜드 상품을 산다고 하면 당연히 정식으로 수입된 상품만을 샀다. 수입업자가 해외에서 물건을 들여와 국내 판매가를 매긴 상품을 고객들이 기존 유통 채널(마트, 백화점 등 오프라인 유통)에서 구매하는 방식이었다. 그러나 인터넷 세상에는 국경이 없다. 어느 나라의 웹사이트라도 인터넷에 연결되어 있다면 내가 어디에 있든 그 웹사이트에 접속하고 방문할 수 있다.

이처럼 인터넷의 발전으로 온라인 쇼핑이 활성화되면서 수입 유통 환경도 크게 변했다. 기존에는 제한된 수입업자들에 의해서 국내에 소개되고 유통되던 브랜드들을 직접 안방에서 구매할 수 있다.

소비자로서 해외 쇼핑몰에서 물건 사기

해외 온라인 쇼핑은 물건을 구매하는 '고객의 입장'과 물건을 판매하는 '판매자의 입장'으로 구분된다. 먼저 해외 온라인 쇼핑을 고객 입장으로 접근해보자.

블랙 프라이데이Black Friday(미국의 11월 넷째 주 목요일), 사이버 먼데이Cyber Monday(미국의 블랙 프라이데이 다음 주 월요일), 솽스이(중국의 11월 11일) 등 대표적인 글로벌 온라인 쇼핑몰을 중심으로 1년에 한 번 대단히 큰 할인 행사가 열린다. 해외 직구(해외 쇼핑몰에서 고객이 직접 상품을 구매하는 것)가 젊은 층을 중심으로 활성화되어 있는 요즘에는 이런 행사일에 구매한 상품을 배송받는 데 한두 달 이상 걸릴 정도로 엄청나게 고객이 몰린다. 이런 행사일에는 여러 해외 브랜드 제품을 비롯해 국내에서 수출된 상품, 가령 LG TV 같은 고가의 가전제품 등이 국내보다 저렴한 가격으로 나오기 때문에 온라인과 오프라인 모두 대란이 일어난다.

'폴로Polo', '갭Gap' 등의 브랜드는 맘카페에서 이제 필수적인 직구 아이템이 되었는데, 각 브랜드의 공식 사이트에서 할인 행사를 할 때 대량으로 구매해두면 가격 혜택이 크다. 그래서 여러 구매 대행, 배송 대행업자들의 블로그나 카페에 가입하여 할인 정보를 수시로 체크하고 발 빠르게 움직이면 더 저렴하게 상품을 구매할 수 있다. 또한 해외 직구 블로그나 카페에서 최근 뜨는 직구 아이템 등을 확인할 수 있다.

해외 온라인 쇼핑을 이용하면 국내에 유통되지 않는 해외 상품 구입이 가능하고, 국내에서 유통되는 해외 브랜드 중 국내에 들어오지 않은 미유통 모델도 구매할 수 있다. 또한 해외 브랜드를 국내 판매가 보다 저렴한 가격으로 구매 가능하다.

그러나 배송 시간이 오래 걸리고, 해외 사이트에서 직접 회원 가입부터 상품 주문까지 해야 하며, 해외 배송비가 비싸다는 단점이 있다. 또한 AS나 교환, 환불 등이 어렵거나 불가능하고, 개인 수입으로 분류되어 통관이라는 절차를 거치며 관세를 내야 할 수도 있다.

구매 대행

구매 대행이란 판매자가 해외 온라인 쇼핑몰에서 나를 대신하여 물건을 구매해서 한국의 우리 집까지 배송해주는 형태를 말한다. 직접 해외 사이트에 접속해서 상품을 찾거나, 해외 사이트에 가입하고, 결제, 배송까지 직접 하지 않아도 된다는 장점이 있다. 한국 신용카드로 결제가 안 되거나 직구가 불가능한 사이트에서 상품을 구매할 수 있으며, 해외 오프라인의 상품도 구매할 수 있다. 상품 1차 검수 작업을 대행해주어 문제가 있는 상품을 받을 우려도 적다.

그러나 해외 직구에 비해 구매 대행료가 비싸고, 해외 사이트의 할인 혜택을 적용받기 어렵다는 단점이 있다. 구매 대행업체가 취급하는 상품만 구매 가능하므로 구매할 수 있는 상품도 제한적이며 해외 직구에 비하면 배송이 더 오래 걸리는 편이다.

해외 직구

해외 직구는 내가 직접 해외 온라인 쇼핑몰에 방문하여 물건을 구매하는 형태다. 내가 원하는 상품을 직접 찾을 수 있고, 해외 사이트에서 제공하는 할인 혜택을 누릴 수 있다. 국내에서 온라인 쇼핑을 할 때처럼 다양한 사이트에서 상품 가격을 비교하고 구매할 수 있다. 또한 국내에 유통되지 않는 브랜드나 미유통 모델 구입이 가능하다.

그러나 취소, 교환, 반품이 어렵고, 해외 쇼핑몰에서 회원 가입부터 상품 검색과 선택, 결제까지 직접 해야 하는 번거로움을 감수해야 한다. 또 해외 쇼핑몰의 주요 결제수단인 카드나 페이팔 등을 사용하는데 익숙하지 않을 경우 결제에 문제가 있을 시 환불 절차가 어렵다. 긴 배송으로 상품 파손의 우려가 있고, 배송 도중 상품이 분실될 수도 있으며 상품의 하자가 있으면 스스로 처리해야 하는 문제가 있다.

이처럼 구매 대행이든 해외 직구든 해외 사이트에서 상품을 구매하는 것은 여러모로 생소하고 번거로우며 부담해야 하는 리스크도 있다. 그러나 전 세계에 개방되어 있는 온라인 쇼핑이라는 개념이 존재하기에 가능한, 소비자 입장에서는 새로운 유통채널이면서 혜택을 누릴 수 있는 구매 방식이다. 우선 소비자로서 경험해보고 글로벌 온라인 쇼핑에 대한 이해의 폭을 넓히자.

구매 대행과 글로벌 셀러

소비자로서 글로벌 온라인 쇼핑이 어떤 것인지 경험해보았다면 이제 판매자로서 해외 상품과 쇼핑몰이 줄 수 있는 가치와 사업 기회를 알아보자. 해외 여행이 자연스러운 여가 활동이 된 만큼 해외 온라인 유통 사업 기회 또한 생각보다 가까운 곳에 있다. 전 세계인을 대상으로 생각의 범위를 넓혀 새로운 사업 기회를 발굴해보자. 판매자로서 해외 이커머스에 접근해보면 크게 구매 대행과 글로벌 셀러의 두 가지로 구분해볼 수 있다.

2000년대 초반 국내의 해외 브랜드 시장이 제한적이었던 시절 등장한 구매 대행 쇼핑몰은 초기에 폭발적인 인기를 얻으며 해외의 다양한 브랜드를 국내에 소개하는 계기가 되었다. 구매 대행은 해외 사이트 이용에 익숙하지 않은 고객을 대신해서 해외 쇼핑몰에서 주문을 하고 상품을 해외에서 배송받아 주문한 고객에게 배송해주는 방식이다. 고객들이 각각 개인적으로 사용할 목적으로 상품을 수입하는 방식이므로 개인통관 절차를 거쳐야 한다.

글로벌 셀링은 해외 온라인 쇼핑몰에 판매자로 입점하여 배송이 지원되는 모든 국가의 고객을 대상으로 상품을 판매하는 글로벌 온라인 유통 사업으로, 판매 쇼핑몰 확대와 잠재 고객 확보를 위한 훌륭한 영업 방법이다. 해외 온라인 쇼핑몰에 입점하고 상품을 등록한 뒤 배송하고 고객 응대까지 하기는 쉽지 않다. 그러나 해외 쇼핑몰 중에는 글로벌 셀러를 확보하기 위해서 매뉴얼 제작부터 교육까지 국내 오픈마켓과 유사한 판매자 지원 프로그램을 갖추고 있는 곳이 있다. 게다가 국내에 지사가 있는 글로벌 오픈마켓도 많으므로 언어적인 문제를 해결할 수 있는 지원을 받을 수도 있다. 국내에서 온라인 쇼핑몰을 시작했다면 꼭 글로벌 셀러에 도전해보자. 76억 명의 전 세계인이 당신의 고객이 될 수 있다.

2

중소업체도 글로벌 셀러가 될 수 있다

21세기 新보부상의 탄생

IT 기술의 발전으로 국가 간 무역거래는 시차가 없을 정도로 가까워졌다. 전통적인 무역이 기업화, 대형화된 형태로 전문가들이 추진하는 어려운 일이었다고 한다면, 최근의 무역은 개인화, 소형화, 플랫폼 다변화, 세계화의 특징을 보인다.

온라인 유통이 활성화되면서 누구나 쉽게 국가 간 무역에 참여할 수 있으며 적은 양도 거래할 수 있게 되었다. 또한 온라인 플랫폼을 통해 개인 고객뿐만 아니라 기업 고객까지 만날 수 있다. 기존 수출이 특정 국가를 대상으로 했다면 이커머스를 통한 거래는 전 세계를 향해 열려 있다.

글로벌 셀링 시장이 성장하고 있다

통계청에 따르면 2017년 해외 소비자가 국내 온라인 쇼핑몰에서 쇼핑한 금액은 2조 9,510억 원으로 이는 전년 대비 28.7퍼센트 증가한 수치다. 2018년에는 4조 원에 육박했다. 글로벌 컨설팅 업체 액센츄어Accenture는 2020년 글로벌 전자상거래 시장 규모가 9,940억 달러(약 1,116조 원)에 달할 것으로 내다본다. 2014년 2,330억 달러(약 261조 원) 규모에서 6년 만에 4배 성장한 수치다.

온라인 수출은 크게 역직구와 해외 직판 두 가지로 나뉜다. 역직구는 해외 소비자가 국내 온라인 쇼핑몰에서 주문하는 것이고, 해외 직

| 중소기업의 글로벌 온라인 유통 사업 진출 지원 현황 |

지원	내용	주관처 및 참고 사이트
해외 온라인 쇼핑몰(B2C) 판매 지원 서비스	• 중소기업의 안정적인 해외 온라인 쇼핑몰 사업 시작을 위한 제반 업무 지원 • 중소기업 상품의 해외 진출 판매 전략 컨설팅 • 상품 선정, 가격 책정, 배송 및 관세 처리, 온라인 결제수단 등 판매 절차 교육과 마케팅 활동 지원	• 중소기업청 주관 • 고비즈코리아 kr.gobizkorea.com
전자상거래 무역 지원 서비스	• 전자상거래 간이 수출 신고 서비스 제공 • 운송사 배송 예약, 수출 실적 명세와 구매확인서 발급 • 부가세환급, 수입관세 면세 및 무역금융 혜택 지원	• 산업통상자원부, 관세청, 한국 무역협회 주관 • 고글로벌 www.goglobal.co.kr
해외 판매 온라인 전용 쇼핑몰 운영	• 해외 고객 대상 쇼핑몰 운영 • 판매 수수료 무료 • B2B 무역 연계 • 해외 오픈마켓 연계(미국 아마존, 중국 타오바오) • 외화 정산 서비스 • 해외 전자상거래 정보 및 소식	• 한국무역협회 주관 • 쇼핑몰 www.kmall24.com • 해외 판매 정보포털 www.kmall24.co.kr

※ 시행 기관과 기관별 지원 내용은 기관의 정책에 따라 달라질 수 있음.

판은 국내 판매자가 아마존, 타오바오, 라쿠텐 등 현지 사이트에 입점해 판매하는 것이다. 외국어 울렁증이 있어도 국내 역직구 사이트에 입점하면 해외 고객을 만날 수 있다. 또한 한국은 해외 진출과 관련해서 지원이 많은 나라다. 중소기업청이나 관세청을 비롯한 정부 기관에서 여러 가지 교육이나 혜택을 제공하는 등 글로벌 셀러를 지원하기 위한 다양한 제도가 시행되고 있으므로 글로벌 셀링에 도전해 볼 만하다.

중소 제조업체에 열려 있는 글로벌 시장

제조업을 하고 있는 소상공인이라면 글로벌 온라인 쇼핑몰에서의 판매를 필수적으로 권한다. 외국 사이트에 물건을 판매하기 위한 과정들이 생소하고 낯설지만, 온라인 쇼핑몰 진출이 해외 고객들에게 내 상품을 소개하는 가장 빠르고 쉬운 방법이기 때문이다.

빠르고 간편하다

해외 온라인 쇼핑몰에 진출하면 해외 바이어를 찾아서 수출을 성사시키는 것 보다 빠르게 상품을 해외 시장에 선보일 수 있다. 수출에 필요한 인증이나 통관을 위한 서류, 관세 등 정식 수출과 비교하여 과정과 준비 서류가 간략하다.

고객의 피드백을 직접 받을 수 있다

수출은 B2B 비즈니스다. 즉 바이어 한 사람만 상대하면 된다. 온라인 쇼핑 플랫폼에서의 상품 판매는 일반 소비자 대상으로, 개별 고객end user(최종 단계의 고객)과 직접 거래를 해야 한다. 온라인 판매를 통해서 제품에 대한 현지 고객들의 실제 목소리를 들을 수 있고 이를 통해 제품 개선과 관련된 의견이나 새로운 상품 기획 아이디어들을 얻을 수 있다. 굳이 비싼 돈을 들이지 않아도 소비자 반응 데이터를 수집할 수 있다.

투자 리스크를 줄일 수 있다

해외 소비자를 대상으로 상품을 판매하기 위해서 해외에 지사를 설립하려면 꽤 많은 시간과 돈을 투자해야 한다. 즉 해외 지사나 영업장이 있어야 하는데, 이런 투자는 규모가 상당하다. 본격적으로 그런 투자를 하기 전에 온라인 쇼핑몰에서 상품 판매를 시작해보라는 것이다. 온라인 쇼핑몰로 시작하면 우선은 이런 투자가 필요없다. 또한 직접 해외에서 물건을 홍보하는 데 지출하는 비용보다 훨씬 적은 비용으로 해외 고객에게 마케팅할 수 있다는 장점이 있다.

K쇼핑으로 승리하라

최근 외국인들이 한국을 방문하는 관찰 예능이 많다. 이런 프로그램들이 인기를 얻는 이유는 우리나라가 가진 경쟁력이 더 높아졌다기보다 예전부터 훌륭했던 우리만의 자산인 문화 예술, 식생활, 한국 상품 등을 외국인들의 눈높이로 전달할 수 있는 능력이 생겼기 때문이다. 한때 홍콩의 스타들이 해외에서 인기를 얻었듯 한국의 연예인들이 해외에서 인기를 얻는 한류 바람이 분 지도 꽤 오래되었다.

한국에 대한 좋은 인상은 해외 출장을 다녔을 때 느낄 수 있었는데, 일본, 베트남 등 아시아권뿐만 아니라 터키 같은 유럽에서도 내가 '한국 사람'이라고 소개했을 때 모두 호감을 보여주며 그들이 매스컴이나 인터넷을 통해서 보았던 한국의 문화와 상품에 대해서 궁금해하며 듣기를 원했다. 한국이라는 나라가 좋은 이미지만 가지고 있어서가 아니라 한국의 상품을 해외 고객들이 써보면 실제로 좋다고 느끼기 때문이다. 즉 상품의 경쟁력이 있다는 것이다. 화장품류는 여전히 해외 고객의 수요가 많고, 최근에는 한국 식품을 찾는 해외 소비자가 늘고 있다. 치열한 한국의 내수 시장만 생각할 것이 아니라 눈을 세계로 돌리고 더 크게 보면 의외의 기회들을 찾을 수 있다.

3

내 상품에 맞는 국가별 이커머스 채널을 공략하라

국가별 온라인 쇼핑 플랫폼 살펴보기

나라마다 다양한 온라인 쇼핑 플랫폼이 있다. 이번에는 해외 고객들을 만날 수 있는 국가별 대표적인 플랫폼을 알아보자. 아마존이나 타오바오처럼 누구나 이름을 들으면 알 만한 유명한 대형 글로벌 사이트도 있지만, 동남아 지역을 포함한 다양한 국가에도 온라인 쇼핑 플랫폼이 존재한다. 그만큼 도전과 기회가 많다는 뜻이다. 한국의 오픈마켓이나 종합몰에 입점하는 것처럼, 해외 온라인 쇼핑 플랫폼에도 입점 절차가 있다. 입점 시 해당 국가 내 사업자 계정을 요청하는 경우도 있고, 이런 계정 신청 업무를 대행해주는 회사들도 많이 있다.

먼저 많은 글로벌 셀러들이 이미 진출해 있는 플랫폼에서 거래 경험을 쌓고 점차 현지 마켓으로 확장해나가는 것이 좋다.

글로벌 셀러 초보라면 우선은 한국어 지원이 가능한 사이트에서 글로벌 셀링의 입점부터 정산까지 먼저 경험해보기를 추천한다. 사이트마다 정책이나 프로세스가 다른데 언어까지 생소하면 실수를 범하기 쉽고 판매를 하기 위해 준비하는 시간이 더 길어질 수 있기 때문이다. 또한 외환 거래나 수출 신고 등 국내 판매와 다른 부분도 많아서 국내 판매 시에는 고려하지 않아도 될, 전혀 예상치 못한 일들도 발생하기도 한다. 최근에는 한국의 판매자를 적극적으로 유치하기 위해서 한국 내에 지원 사무소를 두고 있는 쇼핑몰도 많이 있으므로 모르는 부분들은 문의하고 확인하면서 진행할 수 있다.

한국 판매자들이 많이 진출하는 주요 해외 온라인 쇼핑 플랫폼 정보를 살펴보면 다음과 같다.

한국

G마켓 글로벌(global.gmarket.co.kr)

국내 오픈마켓 입점 시 가장 쉽게 접근할 수 있는 역직구 오픈마켓이다. 상품명 자동 번역 서비스를 제공하고, G마켓 판매자는 별도로 상품 등록을 하지 않아도 된다. 판매수수료는 9~13퍼센트다.

11번가 글로벌(global.11st.co.kr)

G마켓 글로벌과 동일한 국내 역직구 오픈마켓이다. 국내외 개인,

사업자 모두 입점할 수 있다. 서류 제출 후 심사 및 가입확정절차가 있다. 수수료는 한국 수수료+4.5퍼센트(해외 판매 수수료로, 해외 판매 수수료에는 별도로 부가세가 붙지 않는다)다. G마켓과 마찬가지로 상품명 자동 번역 서비스를 제공한다.

미국 및 전역

아마존(www.amazon.co.kr)

전 세계 13개국 이상에 서비스를 제공한다. 2015년 한국 내 전담 조직을 구축해 한국 글로벌 셀링 지원을 강화하고 있으며 다양한 콘퍼런스와 교육을 지원한다. FBA[Fulfillment By Amazon]와 FBM[Fulfillment By Merchant] 두 가지 물류 방식에 따라 배송 수수료부터 검색 결과 순서 등도 차이가 있으므로 반드시 해당 내용을 면밀히 스터디해보아야 한다.

소요 비용은 Selling Fee(40종 이상 상품 등록비 39.99달러/월), Closing Fee(상품 종류에 따라 부과되는 추가 수수료), FBA Fulfillment Fee(아마존 물류 서비스 이용시 창고 이용료, 상품 재포장비용 등)가 있다.

이베이(www.ebay.com)

세계 최대의 글로벌 오픈마켓으로, 글로벌 셀러 시작 단계에서 가장 기본적으로 진입해야 하는 쇼핑몰이다. Auction, Fixed price 둘 중 판매 방식을 결정해야 한다. 등록 수수료는 0.3달러이고, 판매 수수료는 10퍼센트로 최대 750달러다. 페이팔 거래 수수료는 3.9퍼센트+0.3달러다.

중국

타오바오(world.taobao.com)

중국 최대 오픈마켓이다. 알리페이를 이용하기 위한 중국 현지 은행계좌(중국 전화번호 필요)가 있어야 한다. 1,000위안의 보증금이 있으며, 판매 수수료는 없다.

티몰글로벌(www.tmall.hk)

중국 1위 종합몰인 티몰의 글로벌 쇼핑몰이다. 중국 사업자만 입점할 수 있는 티몰닷컴과 달리 한국 사업자도 입점 가능하다. 그러나 입점 심사가 까다롭고, 가짜 상품 판매를 엄격히 관리해 정품 인증이 된 판매자를 심사하여 선별적으로 입점시킨다. 수수료는 카테고리별로 2~5퍼센트이고, 약 25,000달러의 보증금 및 5,000달러 이상의 연회비가 있다. 사업자등록증, 납세증명서, 대표자 신분증, 외환통장, 브랜드 수권서, 라이선스 증명서 등 관련 서류를 준비해야 한다.

징둥(www.jd.com)

중국 종합몰이다. 브랜드를 보유하고 있거나 제조사라면 티몰과 병행 입점 시 효율적이다. 보증금은 15,000달러(환불 가능)이며 연회비는 1,000달러다. 수수료는 카테고리별 2~8퍼센트다. 사업자등록증, 은행계좌, 상표등록증, 법인증명서, 회사소개 등의 서류를 준비해야 한다.

알리바바(www.alibaba.com)

B2B 사이트다. 무료+유료 회원제로 운영된다. 제조, 도매 기반 글로벌 거래 시 유리하다. 수출 및 상품을 매입하거나 상품 트렌드를 파악할 때 유용하다.

왕이카오라(www.kaola.com)

중국 역직구 시장 점유율 1위(2017년 기준)를 차지하는 업체다. 전 세계 상품을 왕이카오라가 직접 매입하여 진행한다는 특징이 있다. 입점 문의는 한국 내 지사를 통해야 한다.

일본

라쿠텐(global.rakuten.com)

일본 시장점유율 1위 업체다. 입점 심사가 까다롭다. 초기 등록비는 6,000엔이며, 월간비용으로 50,000~100,000엔이 필요하다. 시스템 사용료는 3.5~5퍼센트(모바일은 0.5퍼센트 추가 부과)다.

큐텐 재팬(www.qoo10.jp)

한국 이베이의 자회사로 의사소통이 쉽고 입점이 용이하다. 적극적인 마케팅 프로모션 중이므로 입점 시 매출 확대에 유리하다. 수수료는 12퍼센트다. 비교적 가격 경쟁력이 있으며 반품 등 CS 발생이 적다.

동남아

쇼피(www.shopee.com)

동남아 7개국(싱가포르, 말레이시아, 인도네시아, 태국, 베트남, 대만. 필리핀)에 서비스되고 있는 모바일 기반 종합몰, 오픈마켓이다. 동남아 중심 온라인 쇼핑 분야의 후발 사업자로서 셀러 모집 프로모션을 공격적으로 진행한다. 수수료 면제, 배송비 지원 등 셀러 혜택이 좋다. 한국 지사를 통한 지원도 가능하다.

라자다(www.lazada.com)

동남아 1위 이커머스 사업자로 인도네시아, 말레이시아, 필리핀, 싱가포르, 태국, 베트남에 서비스되고 있다. 사업자로만 입점 가능하다. 판매 수수료는 카테고리별로 다르지만 6~10퍼센트, 결제 수수료는 2퍼센트다. 배송비가 든다. 한국 지사를 통한 지원도 가능하다.

큐텐(www.qoo10.com)

싱가포르, 말레이시아, 인도네시아 등 동남아권 오픈마켓이다. 상품 가격과 셀러 등급에 따라 9~12퍼센트의 수수료가 발급된다. 한국어가 지원되며, 법인, 개인 모두 판매 가능하다.

토코피디아(www.tokopidia.com)

인도네시아에서 가장 큰 온라인 마켓 플레이스다. C2C와 B2C 모두 지원하며 쉽게 온라인 상점을 개설하고 관리할 수 있는 장점이 있다.

소셜 미디어 커머스

위챗(www.wechat.com)

10만 활성 고객을 보유한 중국의 메신저 서비스다. 메신저 내 샤오청쉬(미니샵) 서비스를 운영할 수 있다. 기업 홍보, 마케팅을 지원하는 공중계정의 구독계정이 필요하다. 공중계정 개설 시 중국 전화번호 및 은행계좌가 필요하며 심사 절차가 있고 300위안의 사용료가 있다.

| 글로벌 셀러를 모집하는 기타 해외 온라인 쇼핑 플랫폼 |

주요 서비스 지역	사이트명	사이트 주소
미국 및 기타 국가	fruugo	www.fruugo.us
프랑스	Cdiscount	www.cdiscount.com
호주	mydeal.com	www.mydeal.com.au
	trademe	www.trademe.co.nz
	catch.com.au	www.catch.com.au
라틴 아메리카	Linio	www.linio.com
인도	Flipkart	www.flipkart.com
	snapdeal	www.snapdeal.com

※ 각 쇼핑몰의 입점, 비용 및 운영 정책은 쇼핑몰의 정책에 따라 달라질 수 있음.

샤오홍수(www.xiaohongshu.com)

중국판 인스타그램으로 사용자 7,000만 명(2018년 1월 기준), 매출 5조 원, 구매전환율 9퍼센트의 소셜 커머스 플랫폼이다. 수수료는 15퍼센트이고, 오피셜 벤더를 통해 입점 가능하다. 중국어 콘텐츠를 제작할 수 있어야 한다.

독립 쇼핑몰로 해외 진출하기

글로벌 셀러가 되기 위해서는 글로벌 셀링을 지원하는 기존 쇼핑몰에 입점하는 것이 가장 편리하고 비용도 적게 든다. 그러나 글로벌 쇼핑몰에서의 판매가 다 잘되는 것은 아니다. 기본적으로 수수료가 높고 판매 활성화를 위해서 광고비 및 마

| 글로벌 셀링 지원 쇼핑몰 솔루션 |

솔루션명	솔루션 주소	특이사항
cafe24	www.cafe24.com	• 언어: 영어, 중국어(간체/번체), 일본어, 포르투갈어, 스페인어 지원 • 결제수단: 페이팔, 알리페이, 엑심페이, 엑시즈 • 상품 상세, 이미지 번역 서비스 • 해외 배송 서비스 • CS 운영 대행 서비스 • 해외 오픈마켓 입점 서비스 • 해외 광고 마케팅 서비스
메이크샵	www.makeshop.co.kr	• 언어: 영어, 중국어, 일본어 지원 • 상품 정보 자동 번역 • 해외 배송 서비스 • CS 운영 대행 서비스 • 수출 신고 자동화 서비스
고도몰	www.godo.co.kr	• 언어: 영어, 중국어, 일본어 지원 • 결제수단: 페이팔, 유니온페이, 알리페이 • 해외 배송 서비스

※ 솔루션별 서비스 내용은 솔루션 내부 정책에 따라 달라질 수 있음.

케팅 비용을 지출해야 하는 경우가 많다. 또한 전문적으로 상품을 제조하고 브랜딩하고자 한다면 더더욱 한계가 있기 때문에 해외 플랫폼에 입점해서 운영하는 것만으로는 해외 사업 확장에 한계가 있다. 따라서 해외에 제품 라인을 체계적으로 홍보하고 브랜딩하려면 독립 쇼핑몰을 병행하여 운영하는 일이 필요하다.

해외 고객을 대상으로 하는 쇼핑몰을 구축하려면 언어부터 시작해 해당 국가 고객들이 사용하는 결제수단, 해외 배송 인프라 구축 등 개인 사업자로서 혼자 다 준비하기에는 비용이 너무 많이 들고 어려운 것들이 많다. 글로벌 셀링을 지원하는 쇼핑몰 솔루션을 활용하면 이러한 부분을 보다 쉽게 지원받을 수 있다. 쇼핑몰 구축, 해당 국가에 맞는 CS 응대 대행, 해외 결제수단 제공, 번역 서비스, 물류대행, 해외 배송, 해외 마케팅 등 독립 쇼핑몰을 가지고 해외 고객을 상대로 이커머스 사업을 할 때 필요한 토털 솔루션을 제공한다.

4

글로벌 셀러가 되기 위한 기본을 준비하라

고객이 다르면 판매 전략도 달라야 한다

한국 내에서 상품을 판매하는 것과 한국을 벗어난 다른 나라 고객에게 상품을 판매하는 것은 비슷하면서도 다르다. 물론 사업의 기본 프로세스는 동일하다. 웹페이지에 상품을 보여주고, 그 상품을 살펴보던 고객이 주문해서 주문서가 들어오면 배송하면 된다. 그러나 '어느 나라에 있는 누구에게' 팔 것인가, 즉 고객의 국적이 달라지는 순간 판매와 관련된 많은 것들이 달라진다. 단계별로 주의해야 할 사항을 알아보자.

언어는 필수다

글로벌 셀링을 하려면 우선 외국어를 할 수 있어야 한다. 기본적으로 언어는 해외 쇼핑몰에서 제공하는 자료를 읽고 이해할 때, 상품 마케팅을 위해서 상품명 및 기술서를 현지 언어로 제작할 때, 그리고 효율적인 고객 관리를 위해서 필요하다.

최근에는 구글 등 번역 프로그램이 잘되어 있기 때문에 사이트의 텍스트를 통째로 번역해주기도 한다. 크롬 브라우저를 사용하면 해외 사이트에 접속시 번역 옵션이 제공된다. 사이트를 번역하여 대략의 내용을 먼저 확인하고, 입점 절차나 CS 정책 등 중요 부분은 문장별로 번역기를 사용하여 보다 자세하게 번역하여 내용을 파악한다. 이미지 자료는 번역 프로그램으로는 해결이 어려우므로 번역가의 도움을 받는다.

상품명과 기술서는 전문 번역업체에 맡길 수 있으나 이커머스 회사의 정책을 이해하기 위해서 그리고 현지 고객과 의사소통을 위해 현지어가 가능한 인력을 채용하거나 아웃소싱하는 것을 추천한다.

사이트별 필요 서류가 다르다

이메일, 주소, 국적 등 기본 정보 외에 현지 전화번호, 현지 은행 계좌 등 입점하려는 국가와 쇼핑몰에 따라 요청하는 정보가 다르기 때문에 필요한 정보를 먼저 파악하여 준비할 자료를 메모해둔다. 국내 입점 시 주로 제출하는 주민등록번호, 사업자등록증 등은 한국 내에서만 사용되는 증빙 정보이므로 각 사이트에서 요구하는 정보를 정확하게 파악하고 준비하도록 한다.

판매 대금은 외환으로 입금되므로 외환계좌 개설이 필요하다.

한국어 지원이 가능한 곳을 노려라

한국 쇼핑몰에 입점할 때는 MD와의 미팅이 가능한데, 해외 사이트에서는 입점 전, 상품 등록 후 MD와의 미팅 자체가 불가능하다. 따라서 쇼핑몰 매뉴얼을 잘 숙지하고 스스로 익혀나가야 한다.

한국 역직구 쇼핑몰이나 한국에 지사가 있는 온라인 쇼핑 플랫폼에서 먼저 글로벌 셀링 경험을 쌓는다. 한국어 지원을 해주는 쇼핑몰에서는 판촉 협의를 할 수 있다.

상품 등록의 효율을 높이자

상품 등록 시 현지어로 번역한 상품명, 상품 설명을 등록해야 한다. 이미지 기술서가 등록되지 않는 사이트도 있으므로 번역된 텍스트 정보를 먼저 준비한다. 현지 쇼핑몰 고객들을 위해서 현지어로 제작된 상품명과 설명은 필수다. 상품 설명, 판촉 행사 문구 작성 시 현지 고객들이 사용하는 용어를 써야 한다. 어색한 번역체가 되지 않도록 반드시 현지인을 통해서 만들거나 현지인 또는 해당 쇼핑몰의 검수를 받는다.

국내에서 제공하는 대량 상품 등록 솔루션을 통해서 상품을 등록할 수 없다. 쇼핑몰에서 제공하는 상품 등록 엑셀 파일 등을 잘 학습하여 상품 등록의 효율을 높이도록 한다.

상품 전시하기

전시는 타깃으로 하는 쇼핑몰마다 다르다. 리스팅(상품 목록) 시 판매 데이터, 평판 데이터, 배송 등 여러 가지 항목의 점수를 복합적으로 적용하여 노출한다. 노출 로직은 한국의 쇼핑몰보다 더 복잡하다. 티몰 등 중국 사이트의 경우 '꽌시关系(인맥)'에 따라 전시가 좌우되기도 한다. 따라서 중국 사이트에 상품운영을 할 때는 영향력 있는 대행사나 인맥을 알아두면 큰 도움이 된다. 기본적으로 이베이의 SEO, 아마존의 SEM 등을 이해해야 한다. 검색 매장에서의 상품 노출 및 마케팅을 학습한다.

플랫폼별 마케팅 방법을 학습하라

해외에는 한국에서 주로 사용하는 네이버 배너 광고나 네이버 쇼핑, 가격 비교 사이트 등은 존재하지 않는다. 미국, 동남아 등의 주요 검색 사이트는 '구글'이며, 중국의 경우 '바이두'라는 자체 검색 사이트가 존재한다. 해외 소비자들은 한국 소비자들처럼 일단 네이버에서 무엇이든 검색하고 블로그를 보거나 쇼핑몰을 방문하거나 하지 않는다. 따라서 타깃으로 하고 있는 해외 쇼핑몰이 제공하는 마케팅 방법들을 익히고 활용할 수 있어야 한다.

해외 쇼핑몰 광고 운영 정책과 광고 구좌 등에 대한 교육과 인터넷 자료 등을 통해서 광고 집행을 학습한다.

결제수단을 꼼꼼히 알아본다

해외의 경우 결제수단이 국내와 많이 다르다. 국내처럼 카드결제 외에 페이팔paypal과 같은 온라인 송금 시스템을 사용하는 경우가 많고, 중국의 경우에는 모바일 결제수단인 위챗페이, 알리페이 등이 발달해 있다. 또한 동남아 여러 국가에서는 여전히 물건을 받고 돈을 지불하는 상품인도결제방식COD과 모바일 결제, 편의점 결제 등 한국의 신용카드 결제 방식과 다른 방식들로 결제가 이루어진다.

상품 배송하기

글로벌 온라인 쇼핑몰 중에서 한국에서 1차로 해외로 배송될 상품을 모으고 관리하는 물류센터를 운영하는 쇼핑몰도 있다. 그런 물류센터가 없는 경우는 판매자가 직접 EMS 국제우편 등을 통해서 고객에게 상품을 배송해야 한다. 배송사별, 상품별(크기, 무게), 지역별 배송료 차이가 있기 때문에 배송 시 여러 배송사를 선택 후 견적 비교는 물론 가격과 효율성을 꼼꼼히 따져보고 배송사 선택을 한다. 지역별로 몇 개 복수의 해외 배송사를 활용하는 것도 한 가지 방법이 될 수 있다.

해외 고객들에게 상품이 판매되기 때문에 이는 '수출'의 범주에 포함된다. 상품을 수출할 때는 통관의 절차가 필요하다. 해외 상품 통관 시 국가별로 관세를 포함한 세금 정책이 다르다. 글로벌 셀러에게 부과되는 세금은 없는지 확인한다.

국내 거래와 가장 다른 부분은 배송이다. 해외로 상품이 배송되어야 하기 때문이다. 해외 배송이 생소한 만큼 배송사별 특징, 배송료, 배송 시 소요 기간, 배송 추적이 얼마나 잘되는지 등을 꼼꼼히 확인한다. 쇼핑몰이 해외 배송 시스템을 갖추고 있다면 수수료를 잘 알아본다. 쇼핑몰 해외 배송 서비스를 이용하는 것이 이익인지, 직접 배송하는 것이 이익인지 따져본다.

해외 배송의 경우 상품이 무엇인지에 따라 상품의 무게와 부피에 따라 배송비가 다르게 적용되므로 해외 배송사에 상품의 무게와 부피에 따른 배송비 가격표를 정확하게 확인한다. 상품의 무게와 부피를 정확하게 책정하기 위해서 저울과 줄자 등을 준비한다. 고객에게 모든 배송비를 부과할 수 없는 경우가 생기기 때문에 배송비는 신중하고 꼼꼼하게 따져보아 최선의 방법을 찾는다.

CS 처리하기

판매한 상품은 일단 비행기나 배를 타고 다른 나라로 가야 한다. 배송의 과정이 까다롭고 기간이 길다 보니 배송 중 예기치 못한 상품 변형이나 파손 등이 발생할 수 있다. 고객이 상품 파손 등을 사유로 교환이나 반품을 요청할 수 있고, 이러한 경우에 판매자와 배송사, 고객 중 책임이 어디에 있는지 판단하게 된다. 이때는 상품 파손에 책임이 없다는 것을 증명하는 것이 중요하다. 상품의 포장 시 동영상 촬영 등을 통해서 상품에 이상이 없음을 기록으로 남겨 필요 시에 증거로 제시하는 것도 한 가지 방법이 된다. 해외로 배송된 상품은 취소, 교환, 반품이 국내 거래보다 까다롭다. 쇼핑몰의 취소, 교환, 반품이 최대한 발생하지 않도록 정책을 정확하게 숙지하고 상품을 배송해야 한다. 또한 상품의 반품/환불 규정에 대해서 정확하게 숙지하고 대응할 수 있도록 한다.

판매 대금 정산하기

대금 정산은 현지 통화currency로 입금이 되기 때문에 다양한 국가에서 해외 판매자로 활동을 하는 경우 현지 통화에 대한 환율 변동 상황을 잘 파악하여 원화로 환전해야 한다. 즉 원화로 환전이 유리할 때 출금 신청을 해야 한다. 글로벌 셀링이 국내 판매와 가장 차이가 나는 부분이 배송과 정산 부분인데, 외환 거래가 어렵다 보니 중간 대행 서비스도 늘어나고 있다. 외환 거래가 생소하고 자신이 없다면 대행 서비스를 추천한다. 외환 거래 통장을 개설하고 외환 입금 수수료, 환전 수수료 등을 미리 파악해둔다.

세금 신고 절차

종합소득세 신고 시 해외 비용에 대한 증빙 자료(해외 운반료 등의 증빙 자료)가 필요하다. 국내에서 상품을 구매해서 해외 쇼핑몰에 판매한 경우, 이를 '수출'로 보기 때문에 한국의 수출 장려 정책에 따라 판매자가 상품 구매 시 지불한 부가가치세(VAT)를 환급받을 수 있다. 부가가치세 영세율 신고 등의 세무신고는 정부 당국이 정하는 날짜와 기준에 따라 증빙자료를 제출해야 한다. 일반인이 진행하기에는 어려운 점이 많으므로 관세사 등 전문가를 통해 자세한 컨설팅을 받거나 대행을 맡길 수도 있다.

관세청에서 중소수출기업을 위해 '해외통관애로' 서비스를 제공하고 있으므로 무료로 통관, 세금 관련 컨설팅을 받을 수도 있다. '해외통관애로' 서비스는 온라인에서 신청 가능하다. 관세청에서 운영하는 YES FTA포털(yesfta.customs.go.kr)에 접속하여 '고객의 소리' 메뉴에서 '수출입기업지원센터 및 TFA기동대'를 통해 지원서를 작성하면 된다.

세금을 환급받기 위해서는 반드시 수출로 인정받을 수 있는 '수출신고'가 되어야 한다. 소포, 특송 항공사 등으로 배송되는 경우 수출 신고가 되지 않기 때문에 판매된 대금이 '외환'으로 입금되었다는 것을 세무사에게 증명할 수 있어야 한다.

5

해외 이커머스 마케팅은 달라야 한다

글로벌 온라인 유통 시장은 넓은 만큼 다양한 특성을 가진 고객이 존재한다. 물건을 구매하는 행위는 전 세계 공통이지만 어떤 상품을 선택하고 어떤 마케팅에 반응하는지 등의 세부적인 맥락은 해당 국가와 고객의 특성에 따라 달라진다. 글로벌 셀러는 한국의 사무실에서 상품 판매 준비를 하지만 고객은 한국에서 비행기로 몇 시간씩 떨어져 있거나 심지어 우리가 가본 적도 없는 낯선 나라에서 상품을 구매한다. 따라서 제대로 된 글로벌 셀러가 되려면 나라별 특성을 이해하고 상품을 판매하기 위한 세부적인 전략을 세워야만 한다. 글로벌 셀링을 할 타깃 국가를 정했다면 그 나라의 역사, 문화, 사람들의 특성에 이르기까지 고객을 이해하는 공부를 선행하자.

문화 코드를 이해하라

쇼핑은 고객이 살아온 문화 안에서 이루어지는 활동이다. 문화는 사람들이 생각하고 개념화하는 방식에 영향을 끼친다. 사람들이 구매 결정을 내리는 과정도 문화의 영향을 받는다. 따라서 마케팅 전략을 세울 때 각 나라의 문화적인 코드를 이해하고 적용할 수 있어야 한다.

예를 들어 내가 맥주잔을 판매하는 셀러라고 하자. 맥주잔 판매를 위해 잔에 담긴 맥주를 음식과 함께 세팅한 이미지를 상품 상세 페이지에 넣으려면 독일 시장에서는 차가운 맥주가 든 멋진 맥주잔 옆에 치킨이 아니라 소시지가 놓여 있어야 할 것이다. 한국인은 맥주에 가장 잘 어울리는 안주로 치킨을 떠올리므로, '치맥'이라는 단어가 내포하고 있는 문화코드를 이해할 수 있다. 그러나 독일인에게 맥주에 가장 잘 어울리는 안주를 물어보면 소시지라고 대답할 것이다.

이처럼 국가별 문화적인 맥락에 따라 상품 이미지 촬영을 위해서 선택하는 장소나 어떤 소품들을 함께 디스플레이해야 할지도 전략적으로 다르게 준비해야 한다. 또한 함께 구매하기 좋은 상품으로 제안하는 상품도 나라마다 달라진다는 것을 기억하자.

고객의 성향을 파악하라

고객에 대한 이해가 없으면 상품을 잘 판매할 수 없다. 상품 판매 전 해외 고객의 특성을 반드시 학습한 뒤 판매 전략을 세우자.

중국의 고객은 가격 민감도가 아주 크다. 중국 내수 시장에서 생산되는 많은 소비재들의 가격이 타 국가에서 수입되어오는 제품보다 저렴하기 때문이다. 오픈마켓 타오바오, SNS 위챗 등에서 '따이공代工(중국 보따리상)'들이 정식 통관 절차를 거치지 않고 중국으로 들여온 상품들과 가격 비교가 쉽기 때문이기도 하다. 오픈마켓에서 판매되는 저렴한 가품도 많다.

중국 시장에서 직접적인 가격 경쟁을 피하고 싶다면 수입품임을 명확하게 표시하고 정품임을 인증할 수 있어야 한다. 상품의 가치를 보여줄 수 있는 마케팅 전략이 필요한데, 중국에서는 품질의 경쟁력이나 브랜드의 신뢰를 내세우는 것보다 연예인 마케팅이 효과적이다. 중국 고객은 왕홍 같은 강력한 오피니언 리더나 연예인처럼 인지도가 있는 사람의 추천에 영향을 많이 받는다.

중국은 시장이 큰 만큼 판매자 간 경쟁도 치열하여 고객들이 서비스를 받는 데 익숙하다. 중국 티몰에서 상품을 판매하려면 24시간 CS가 가능해야 한다. 중국 고객들은 의심이 많아 상품에 대한 궁금증이 생겼을 때 판매자들에게 온라인으로 바로바로 문의를 해오기 때문이다. 이러한 고객 응대 환경에 대응할 수 있어야 상품 판매가 원활하다.

일본 고객들은 가격보다는 제품과 서비스 만족도에 반응한다. 그들은 상품 정보에 표시된 상품의 원산지, 성분 등을 꼼꼼하게 체크한다. 따라서 상품 상세 페이지를 제작할 때 상세한 상품 정보를 빠짐없이 제공하는 것이 중요하다.

일본 고객들은 상품 품질에 대한 기준이 높고 엄격한 편이지만 제품과 서비스 만족도가 높으면 재방문, 재구매율이 상당히 높아진다. 따라서 일본 시장을 공략하려면 가격보다는 품질이 좋은 상품을 판매하는 것은 기본이며 상품 포장도 견고하고 꼼꼼하게 해서 배송 시 패키지 파손이 일어나지 않도록 주의한다. 그리고 고객 CS는 진정성 있게 응대하도록 한다. 고객 클레임 발생 시 우선 정중한 사과를 하고 판매자의 정성과 진심이 나타나도록 하나하나 정성 들여 처리해야 까다로운 일본 고객의 외면을 받지 않는다.

상세 페이지를 현지화하라

상품 상세 페이지는 특히 현지화해야 한다. 상품 상세 페이지에 사용하는 언어, 상품 이미지, 컬러, 상품 소개 내용 등 모두 현지화가 필요하다. 언어는 기본 중 기본이다. 상품의 내용이 무엇인지 이해할 수 있는 수준에서 번역만 해도 되지만 원어민이 사용하는 언어로 상품을 설명할 수 있다면 고객이 언어의 어색함 없이 쇼핑에 몰입하게 할 수 있다.

중국, 홍콩, 대만이 같은 중화권이라고 같은 상품 상세 페이지를 사용하겠다면 큰 오산이다. 중국은 한자의 획수를 줄여 간략하게 만든 '중국어 간체'를 사용한다. 그래서 일반적으로 '중국어'라고 하면 간체자로 쓴 것이라고 생각한다. 그러나 대만에서는 정통 한자인 '번체'를 사용한다. 따라서 대만의 라인이나 피씨홈, 쇼피Shopee 등 대만 온라인 쇼핑 사이트를 위한 상품 상세 페이지는 중국어 번체로 제작되어야 한다. 대만 사람들이 간체를 이해하지 못하는 것은 아니지만, 역사적으로 대만 사람들은 중국 본토에 대한 감정이 좋지 않고 외교적으로도 양국 간에 교류가 없기 때문에 간체를 대만인에게 보여주는 것은 큰 실례다.

상품 상세 이미지를 제작할 때 디자인에 사용되는 컬러를 고르는 것도 중요하다. 중화권의 고객들은 붉은색, 황금색에 대한 선호가 강하고 원색처럼 강렬한 색을 좋아한다. 그러므로 중화권에서 상품을 판매할 때 상품 상세 페이지의 대략적인 톤앤매너tone&manner는 레드나 골드 계열로 설정하면 안전하다.

반면에 일본 고객들은 은은하고 자연스러운 컬러를 선호한다. 일본 고객들에게 할인 정보를 보여줄 때는 글씨의 크기나 색상이 너무 노골적으로 튀어 보이면 오히려 거부감을 줄 수 있으므로 너무 도드라져 보이지 않도록 자연스럽게 노출한다. 상품 이미지를 준비할 때는 상품의 세부 기능이 잘 보여지는 상세 사진을 많이 준비한다. 일본 시장을 위한 상품 상세 내용을 만들 때는 고객들이 주로 궁금해하는 CS 문의 내용, 상품의 사이즈, 용량, 성분 등을 다룬 기본 정보를 충실하고 자세하게 담아야 한다.

중화권과 베트남 등 한류가 강한 지역에서는 한국 모델을 사용하여 한국의 지역색을 보여주면 효과적이다. 현지에서 인지도 있는 한국 연예인 이미지를 보여줄 수 있다면 가장 좋다. 그러나 상품의 모델 이미지를 사용하면 저작권 등 법적으로 문제될 수 있기 때문에 상품의 모델 이미지나 연예인이 상품을 사용하는 이미지는 사용 범위를 정확하게 확인하고 사용하도록 한다.

아마존, 이베이 등 미국 온라인 쇼핑몰 사이트에서 상품을 판매할 때는 이미지 기술서가 있으면 좋지만, 이미지만 등록하면 상품 검색이 되지 않아 고객에게 잘 노출이 되지 않을 수 있다. 상품 등록 시에 상품 정보를 검색 가능한 텍스트 형태로 넣어주어야만 한다. 미국 온라인 쇼핑몰 사이트들은 상품을 노출할 순서를 정할 때 검색 엔진 알고리즘을 기본으로 하고 있다. 따라서 '검색 엔진 최적화SEO, Search Engine Optimazation'가 무엇이며 어떻게 해야 하는지에 대한 기본 지식과 학습을 하고 상품 판매를 시작해야 한다. 그렇지 않으면 어렵게 상품을 등록했는데 검색 결과에 전혀 나타나지 않는다든지 하는 당황스러운 상황을 만날 수도 있다.

배송 박스 마케팅

글로벌 셀러에게 상품 배송은 고객의 집까지 상품을 운반하는 단순한 배송 행위를 넘어 글로벌 셀러가 개개인의 해외 고객과 간접적으로 대면할 수 있는 유일한 통로다. 따라서 내 상품을 구매한 해외 고객을 나의 단골 손님으로 만들기 위한 '배송 박스 마케팅 전략'을 세우자.

온라인을 통한 글로벌 판매는 일반적인 수출과 달라 현지어로 된 상품 라벨을 부착하는 것이 의무 사항은 아니다. 그러나 현지 고객을 위해서 해당 국가의 언어로 된 상품 정보 표시와 사용 방법 등을 제작하여 제공하는 것이 좋다. 이러한 작업이 다른 글로벌 셀러와 비교해서 명확하게 차별적인 경쟁력을 보여줄 수 있기 때문이다. 상품 라벨은 스티커 작업을 하여 박스 바깥에 부착하고 상품의 설명서는 배송 박스에 동봉한다. 또한 상품 구매 감사 편지나 다른 상품 구매를 유도할 수 있는 팸플릿 등을 동봉하는 등 배송 박스를 개봉할 고객의 마음을 사로잡을 수 있는 아이디어를 내서 실행해보자.

글로벌 셀러에게 배송 서비스를 위한 노력이 필요한 이유는 또 있다. 글로벌 셀러의 판매 상품은 해당 국가의 국내 판매자 상품보다 배송이 느릴 수밖에 없다. 그렇지만 쇼핑 후 설레는 마음으로 택배 상자를 기다리는 심리는 만국 공통이다. 따라서 인내심 있게 상품의 배송

2013년 광군절 행사 이후 배송을 기다리는 상자들 중국 상하이의 어느 거리 동네 택배 회사 앞에 배송을 기다리는 똑같은 색깔의 택배 박스가 잔뜩 쌓여 있다.

을 기다려준 고객들을 위한 작은 정성을 보여주어 오래 기다렸지만 기분 좋은 쇼핑을 했다는 인상을 심어주자.

중국에 출장을 다니던 시절, 광군절 이후 동네의 작은 택배 회사 앞에 배송을 기다리는 택배 박스가 가득 쌓여 있는 것을 보았다. 택배 박스들이 모두 황토색으로 천편일률적이었다. 이때 '박스 디자인이나 컬러를 차별화할 수 있으면 마치 해외에서 온 선물을 받는 기분을 느끼게 할 수 있지 않을까' 하는 생각을 했다. 글로벌 셀러에게 절대적으로 불리할 수밖에 없는 배송 속도라는 경쟁의 판을 벗어나 해외 고객의 마음을 사로잡을 수 있는 배송 서비스를 제공하는 것은 해외 충성고객을 만들 수 있는 훌륭한 마케팅 방법이 될 것이다.

6장

차세대 이커머스 소비 트렌드를 분석하라

1

미래의 시장이 열리다

4차 산업혁명이 예고하는 산업의 변화

4차 산업혁명이 산업의 지형을 크게 바꾸고 있다. 4차 산업혁명이란 인공지능, 사물인터넷, 빅데이터, 모바일 등 첨단 정보통신기술이 경제와 사회 전반에 융합되어 혁신적인 변화로 나타나는 차세대 산업혁명이다. 그리고 이 기술의 변화들이 집약적이고 실용적인 형태로 나타나는 산업 분야가 바로 이커머스 분야다. 아마존의 인공지능 스피커 '알렉사', 사물인터넷 '아마존 대시' 버튼, 빅데이터를 기반으로 한 중국의 오프라인 신선식품 매장 '허마셴성' 등 4차 산업혁명의 기술들이 온라인 쇼핑의 영역에 녹아들어 고객의 쇼핑 경험을 더욱 진화시키고 있는 것이다.

따라서 기술의 발전에 따른 이커머스의 변화를 이해하는 것은 미래 산업을 예측하는 데 필수적이다. 그러한 이해와 예측이 동반될 때 미래 먹거리를 찾아낼 인사이트도 생겨난다. 변화를 이해하고 받아들여 적극적으로 활용해보자. 변화 속에서 기회를 찾아야 미래가 있다.

발상의 전환, 모바일 커머스

인간의 생활에 영향을 준 발명을 꼽아보면 20세기는 자동차, 21세기는 스마트폰을 들 수 있다. 스마트폰은 라이프 디바이스^life device^, 즉 사람의 삶과 밀착해 있는 전자 제품이다. 스마트폰은 인간의 삶에 깊숙이 침투하여 의식주의 변화를 이끌었다. 스마트폰의 출현 후 모바일의 실시간, 위치 기반, 센서, 푸시, 소통 등의 특성이 온라인 쇼핑과 결합하며 이커머스 영역은 중요한 전환기를 맞이하게 되었다. 단순히 오프라인 쇼핑을 대체하는 것으로 끝나지 않고, 새로운 사업 형태가 출현하기 시작한 것이다. 음식 배달, 택시앱 같은 O2O 서비스, 에어비앤비, 우버, 자전거 공유서비스 모바이크 등과 같은 공유경제 서비스 등 각종 거래에 모바일의 특성이 결합된 서비스가 탄생해 성공을 거두었다.

지금도 누군가는 스마트폰에 다른 개념들을 융합한 새로운 서비스를 개발하고 있다. 발상의 전환이 가져오는 새로운 아이디어는 쇼핑몰 안에 머무는 단순 유통의 영역을 넘어서 더 큰 가치를 창출하고 있다. 경험하고 자극받고 생각의 범위를 열어 아이디어를 실현시키자.

2

완전히 새로운 유통 시스템이 온다

유통·물류의 일대 혁신

이커머스 분야는 현재 4차 산업혁명의 여러 기술을 활용하고 접목하면서 변화와 혁신을 거듭하고 있다. 어떤 것들은 너무 미래지향적이어서 현실감이 떨어지는 기술들도 있다. 그러나 이런 이커머스 시장의 변화 내용을 알고 있으면 기술이나 서비스, 제품 측면에서 다양한 아이디어를 얻을 수 있다.

우리나라는 국토가 작고 도시마다 마트나 편의점 등 오프라인 유통이 너무 많아서 공산품을 빠르게 배송받는 것이 당연하게 느껴질 수 있지만, 중국이나 미국처럼 국토가 넓은 나라에서는 물류와 배송의 혁신을 통해 배송 기간을 단축하는 것이 절대적인 경쟁력이라고 말할 수 있다. 최근 물류의 혁신은 우리가 알고 있는 것과 전혀 다른 형태로 일어나고 있다. 로봇과 자율주행, 드론 기술을 활용한 물류, 배송 기술 개발이 그것이다.

아마존의 키바 로봇

축구장 크기 59배나 되는 아마존의 물류센터에는 2,100만 개의 상품이 보관되어 있다. 이 어마어마한 물류센터에는 4만 대의 로봇 '키바'가 근무하고 있다. 흡사 로봇청소기와 닮은 납작한 모양의 이 로봇은 최대 1.4톤까지 들어 올릴 수 있다.

키바가 도입되기 전에는 직원들이 직접 넓은 물류센터를 발로 뛰어다니면서 필요한 물품을 찾아야만 했으나, 지금은 키바가 직원들 앞에

아마존 물류센터의 키바 로봇 아마존 물류센터에서 근무하는 키바 로봇은 인력을 대신해서 배송할 상품을 찾아 직원에게 가져다준다.

필요한 물건을 찾아서 가져다준다. 키바의 도입으로 60~75분이던 물류 순환 속도가 약 15분으로 대폭 줄었고, 공간 활용도는 50퍼센트 이상 향상되는 성과를 이루었다.

배송과 물류에 이용되는 드론

아마존은 이미 드론을 이용한 배송을 시작했다. '프라임에어'는 2.3킬로그램의 제품을 싣고 30분 거리 안에 있는 지역까지 배달할 수 있는 드론이다. 제품에 내장된 소프트웨어는 아마존의 자체 기술로 개발되었다. 그러나 현재 미국에서는 상업용 드론의 비행이 전면 금지되어 있다. 아마존은 이 드론 배송이 우편배달 트럭처럼 일상화될 것이라고 자신감을 나타내고 있으나, 배달용

아마존 프라임에어 가벼운 상품의 근거리 배송에 도입 검토 중인 아마존 프라임에어가 물류센터에서 배송 지시를 기다리고 있다.

드론이 상용화되기까지는 앞으로 넘어야 할 산이 많다.

배달 드론은 마당이 있는 미국의 주택 환경에서는 훌륭한 배송 수단이 될 수 있다. 우리나라처럼 아파트 위주의 주거 환경에서는 도입이 어려울 것으로 보이지만 아마존의 도전은 높이 살만하다. 배송이라고 하면 도로 위를 달리는 자동차만 생각하던 선입견에서 탈피하여 배송의 수단을 확장하는 발상의 전환이 인상적이다.

드론을 물류에 이용하는 사례도 있다. 오프라인 강자로서 아마존의 독주를 견제하고 있는 월마트는 물류센터에 미래형 드론 활용을 추진하고 있다. 1초에 30장의 사진을 촬영하는 드론이 선반의 위치를 확인한 후 제품이 다른 선반에 있으면 바로 통제센터에 통지한다. 그러면 실시간 업데이트되는 지도에 빨간색 마크가 나타나 직원이 확인 후 제품을 이동시킨다. 수동으로 스캔하면 두 명이 한 달 동안 작업할 업무량이지만 드론을 사용하면 두 명이 한 시간에 작업을 마칠 수 있다. 월마트는 이같이 드론을 활용한 재고관리 및 배송 시스템의 물류 혁신 노력을 계속하고 있다.

편리한 쇼핑 인프라를 제공하는 자율주행카트

월마트는 자율주행카트 특허를 출원하며 주목을 끌었다. 자율주행카트는 고객들이 직접 호출할 수 있으며, 쇼핑 종료 후에는 안전하게 카트 주차장[docking station]으로 이동한다. 월마트는 이 기술을 적용해 쇼핑 카트를 보다 효율적으로 활용할 계획이다. 단순히 쇼핑 상품을 이동하는 것에서 벗어나 재고 관리, 쓰레기 탐색, 상품 검색 등 다양한 용도로 활용하겠다는 목표를 갖고 있다. 한국의 이마트에서도 '일라이Eli'라는 이름의 자율주행카트를 개발하고 상용화할 계획이다.

이처럼 자율주행카트는 오프라인 쇼핑 시 고객에게 편리한 쇼핑 인프라를 제공하는 기술로, 유통 영역의 기술적인 발전은 온라인과 오프라인에서 모두 추진되고 있다.

이마트 자율주행카트 일라이 자율주행카트 일라이가 고객과의 쇼핑을 기다리고 있다.

3

사물인터넷 기반 서비스에 도전하라

이커머스의 진화

'자동차 유리창에 오늘의 날씨와 뉴스가 뜨고, 자동차 유리에다 글을 써서 전송할 수도 있다. 아침에 화장실에서 거울을 보면 그날의 건강 정보가 전송되고 건강 상태를 체크할 수 있다.' 이러한 미래 생활에 대한 시나리오는 모두 사물인터넷 기술을 기반으로 한다. 인터넷은 이제 컴퓨터와 휴대폰을 벗어나서 다양한 사물들과 만나기 시작했다. 사물인터넷은 무궁무진한 발전 가능성이 있는 분야로서 자동차 회사를 비롯한 가전제품, 인테리어 제조사 등 모든 브랜드들의 차세대 사업 분야로 연구가 활발하다.

사물인터넷은 인간의 삶에 필수적 요소인 의식주 중 '주'와 관련성이 높다. 온라인 쇼핑 사업자들이 사물인터넷에 집중해야 하는 이유는 사물인터넷이 인간의 삶, 정확하게는 인간의 집 안 곳곳에 연계되어 편하게 쇼핑을 할 수 있게 해주는 기술이기 때문이다.

고객 접점에 있는 산업들의 미래 시장 성패는 데이터에 있다. 누가 얼마나 많은 '빅데이터'를 수집해서 고객서비스 혁신에 활용하고 또 비즈니스 효율성을 높일 수 있느냐가 앞으로의 승자와 패자를 결정하게 된다. 집 안에 발을 들인 온라인 쇼핑 기술은 고객의 소소한 생활을 모두 목격하고 이해하고 데이터화할 것이다. 고객은 자연스럽게 생활 속에서 연계된 온라인 쇼핑을 이용하면서 삶과 쇼핑이 결합된 미래 쇼핑을 경험하게 될 것이다.

AI 비서 인공지능 스피커

음성 인식은 모든 IT, 커머스 기업이 눈독을 들이는 기술이며 앞으로도 관련 서비스, 제품이 끊임없이 등장할 것으로 보인다. 모든 IT 회사가 구글 홈, 애플 홈팟처럼 인공지능 스피커를 통해서 고객의 집 안으로 들어가려는 노력을 기울이고 있다.

알렉사는 아마존에서 개발한 인공지능 플랫폼이다. 알렉사는 아마존 에코라는 스피커에 처음 사용되었다. 사용자는 아마존 에코를 이용해 알렉사와 의사소통을 할 수 있으며, 알렉사는 음악 재생, 알람 설정, 날씨 정보 및 교통 정보 제공 등 많은 기능을 수행한다.

알렉사는 리뷰 점수 5점 만점에 평균 4.5점을 받으면서 사용해 본 고객들로부터 뜨거운 반응을 얻고 있다. 알렉사를 사용하는 고객들의 아마존에 대한 충성도가 높다는 것이 입증되었기에 아마존은 알렉사의 보급에 더 열을 올릴 것으로 보인다.

중국의 알리바바 그룹도 '티몰 지니'라는 인공지능 스피커를 출시하고 공격적으로 보급에 박차를 가하고 있다. 알리바바의 AI 스피커는 세계 3위, 중국 1위 판매량을 달리고 있다.

국내에서도 포털 사업자와 통신 사업자 중심으로 인공지능 스피커가 여러 종류 출시되어 있다. 그러나 아직까지는 날씨 알림이나 검색 등에 특화되어 있어 이커머스에 연동시키는 개발이 과제다. 국내 포털 사업자의 인공지능 스피커 개발 방향을 예의 주시하고 있어야 향후 온라인 유통 산업과의 연동이 이루어졌을 때 새로운 사업 또는 서비스 제공 기회를 잡을 수 있을 것이다.

아마존 에코와 에코 닷 아마존 인공지능 알렉사가 탑재된 아마존 AI 스피커 에코(긴 스피커)와 에코 닷(짧은 스피커)

내 사이즈를 정확하게 알려주는 조조슈트

온라인 패션 분야에서도 IT 기술과의 접목이 활발하다. 패션은 개인마다 체형이 다 다르고 취향도 다르기 때문에 철저한 개인화 서비스가 필요한 분야다. 입어보지 못하고 상품을 구매해야 하는 온라인 패션 쇼핑의 한계를 극복하기 위해서 지금까지 다양한 시도들이 있었다. 가령 아바타에 옷을 입혀본다든지 하는 기술이 있었는데, 실제와 큰 차이가 있었기에 고객의 주목을 받지 못했다.

조조슈트 조조슈트 사용법을 알려주는 조조타운 모바일 화면이다. 고객은 사용법에 따라 슈트를 착용하고 신체 치수를 측정할 수 있다.

일본의 패션 브랜드 조조타운ZOZOTOWN은 2017년 11월에 센서가 부착되어 개인의 신체 사이즈를 정확하게 측정할 수 있는 조조슈트ZOZOSUIT를 출시했다. 이 조조슈트는 스마트폰과 연계되는 방식이면서 음성 안내도 지원하고 세탁도 가능한, 기존 가상 피팅 서비스보다 실용적인 서비스다. 게다가 제작 비용까지 획기적으로 낮춰 무료 배포한다고 발표하자 10시간 만에 23만 개의 예약이 쇄도하면서 생산물량을 맞추지 못해 제작 및 배송이 연기되는 엄청난 화제를 불러일으켰다.

조조슈트는 고객이 슈트 상하의를 입고 스마트폰 블루투스에 연결하면 15,000개의 센서가 모든 신체 부위의 치수를 즉시 측정하여 데이터를 조조 애플리케이션에 저장한다. 측정한 치수 데이터를 활용해 조조에서 맞춤형 의류 등을 주문할 수 있다.

4

온라인 세계와 오프라인 세계의 결합

최저가 기저귀 전쟁

한국 온라인 유통업계의 역사는 '생존을 위한 경쟁을 넘어선 전쟁'의 기록이다. 2000년대 초반 온라인 유통 시장 형성기에 오픈마켓과 종합몰 간의 비즈니스 모델 전쟁이 있었다면, 아이폰의 출현 이후에는 모바일 플랫폼을 선점하고자 다시 한번 전쟁에 돌입한다.

이번 전쟁의 중심에는 과감한 서비스 투자로 온라인 유통업계에 이슈를 몰고 다니는 소셜 커머스 선두주자 '쿠팡'이 주인공이다. 쿠팡은 로켓배송 대표상품으로 기저귀를 최저가로 배송하면서 이마트의 심기를 건드렸다. 이에 도발당한 이마트가 '유통 전 채널 최저가 기저귀'를 선보이겠다고 선언하며 2016년 초 기저귀 전쟁이 시작되었다.

쿠팡은 긍정적인 구매 경험을 제공하여 고객을 지속 방문, 재구매로 유도하겠다는 전략하에 기저귀를 대표 전략 상품으로 선택했다. 기저귀는 아이를 키우는 집에서는 끊임없이 수시로 재구매해야 하는 소모성 생필품이다. 이러한 상품은 일단 특정 장소에서 구매하기 시작하면 이후에는 대부분 같은 패턴으로 지속적인 구매가 일어난다. 20~30대 젊은 엄마들이 주 고객층이라는 점도 중요하다. 하루 종일 육아에 시달리며 PC를 켤 여유도 없어 스마트폰 앱을 여는 젊은 엄마들이 모바일 쇼핑의 핵심 타깃이 되었다. 선별된 일부 상품에 초점을 맞추는 큐레이션 방식의 소셜 커머스는 화면이 작은 모바일 환경에 적합했고, 쿠팡은 '맘'들이 가장 선호하는 쇼핑 채널로 자리 잡았다.

기저귀 전쟁의 결말은 어떻게 되었을까? 표면적으로는 이마트의 강한 반격으로 쿠팡이 먼저 손을 든 것처럼 보인다. 그러나 고객활성지표나 모바일 다운로드 수 등 고객 지표면에서는 절대 우위의 승자가 없는 게임이었다. 오히려 쿠팡의 로켓배송과 최저가 상품이 대대적으로 홍보되었으니 쿠팡이 얻은 이익이 더 크지 않았을까?

쿠팡이 쏘아 올린 로켓배송

2014년 롯데와 신세계 등 오프라인 기반의 유통업체들이 이커머스 전쟁에 본격적으로 뛰어들었다. 당시 온라인 유통 시장은 마트 대표 상품인 생필품 영역으로 사업을 확대하고 있었다. 특히 로켓배송과 쿠팡맨으로 대대적인 물량 공세를 통해 배송 차별화에 전력을 다하고 있는 쿠팡이 자리를 지키고 있어 쉽지 않은 상황이었다.

이마트는 2016년부터 SSG[쓱]배송으로 지정일 배송과 당일 배송에 나서며 쿠팡에 대한 견제를 시작했다.

쿠팡은 2014년부터 아마존의 물류 모델을 벤치마킹하여 24시간 내 배송 서비스인 '로켓배송'을 내놓았다. 대대적으로 쿠팡맨이라는 배송기사를 정규직으로 채용하면서 아웃소싱으로 배송하는 경쟁 쇼핑몰과는 속도, 퀄리티 측면에서 차별화를 꾀했다.

쿠팡의 배송 시스템은 고객이 필요로 하는 상품을 쿠팡이 직접 매입하여 배송까지 책임지는 형태다. 쿠팡의 상품 직매입·직배송 모델은 상품의 매입, 재고관리, 배송에 이르기까지 일련의 관리 비용을 줄여 성공한 오픈마켓 모델과 대치되는 모델로, 운영에 많은 비용이 소요된다. 쿠팡이 2014년 처음으로 로켓배송을 통해 배송한 상품은 2,300만 개에 불과했지만, 2018년에는 3분기에 이미 2억 개를 넘어서며 누적 10억 개의 상품을 배송하여 로켓배송을 꾸준히 성장시키고 있다. 2018년 매출은 온라인 유통업계 처음으로 3조 원 돌파가 유력한 것으로 나타났다. 그러나 매출이 고공 성장하는 동안 쿠팡의 누적적자 또한 1조 7,000억 원에 이르러 2017년 말 기준으로 자본잠식에 빠지며 험난한 2018년을 보냈다.

이 드라마틱한 질주가 멈추는 것은 시간문제라는 전망이 무색하게도, 2018년 말 쿠팡은 소프트뱅크 비전펀드로부터 2조 원이 넘는 투자를 받으며 기사회생했다. 이번 투자는 2015년 소프트뱅크로부터 1.1조 원을 투자받은 데 이어 두 번째 투자다. 실탄을 확보한 쿠팡은 운송과 물류 시스템 강화에 집중하며 투자금 대부분을 서비스 개발에 쏟을 전망으로, 쿠팡의 질주는 당분간 멈추지 않을 것으로 보인다. 이 전쟁의 끝이 한 시대를 주름잡은 한국 온라인 쇼핑 1위 업체가 역사 속으로 사라지는 씁쓸한 결과를 낳을지, 아니면 한판 제대로 달리고 있는 쿠팡이 한국 온라인 쇼핑 시장을 평정하면서 역사를 새로이 쓸 혁신의 결과를 낳을지 지켜볼 일이다.

신선식품 새벽 배송이 시작되다

온라인화가 가장 더딘 신선식품이 드디어 온라인으로 진입하기 시작했다. 그 선두에는 말 그대로 '샛별' 처럼 나타난 마켓컬리가 있다. 마켓컬리는 전날 주문한 식품을 다음 날 아침에 배송받을 수 있는 차별화 서비스로 고객과 실적이라는 두 마리 토끼를 잡으며 국내 온라인 식품 유통 시장 퍼스트 무버(새로운 분야를 개척하는 선두자)로 떠올랐다.

신선식품 새벽 배송 업계 선구자인 마켓컬리는 출범한 지 3년이 채 안 된 지난 2018년 3월 기준 월 매출 100억 원, 회원 수 60만 명을 돌파했다. 판매상품 종류는 5,000여 개, 일 평균 주문량은 8,000건에 이른다. 2017년 매출액은 466억 원이었으나, 2018년에는 그 두 배 이상인 1,000억 원을 돌파했고, 자체 배송 서비스인 '샛별배송'을 일요일까지

주 7일로 확대하는 등 공격적인 마케팅을 펼치고 있다.

마켓컬리가 치고 나가면서 배송 차별화 선두주자인 쿠팡은 발 빠르게 신선식품 배송 서비스인 '로켓프레시'를 론칭하고 배송 지역을 확대하면서 마켓컬리에 신선식품 배송 주도권을 빼앗기지 않기 위해서 팽팽히 맞서고 있다. 티몬, BGF, GS리테일, 한국야쿠르트, 신세계, 롯데 등도 신선식품 배송 경쟁에 참여했다.

빅데이터와 이커머스 3.0

지난 '2018년 유통전망 세미나'에서 김연희 보스턴컨설팅그룹 유통 부문 대표는 "고객보다 앞서서 고객의 니즈를 파악해 알려주는 게 '이커머스 3.0'"이라며 이커머스 3.0의 개념을 설명했다. PC 기반의 전자상거래는 '이커머스 1.0', 모바일을 통한 전자상거래는 '이커머스 2.0', 사물인터넷을 활용한 일상생활에서 이뤄지는 전자상거래는 '이커머스 3.0'이라는 것이다. "이커머스 3.0 시대에 유통업체들은 고객에게 '넌 이게 필요할 거야'라고 제안할 수 있어야 한다"며 "이를 위해선 고객을 끊임없이 '관찰'하고, 끊임없이 '소통'해야 하며, 이를 근거로 고객의 니즈를 '해석'할 수 있어야 한다"고 했다.

이렇게 고객의 니즈를 해석하고 예측할 수 있는 능력은 빅데이터의 활용에서부터 출발한다. 즉 일단 고객의 행동을 분석하고 활용할 수 있는 표준화된 데이터로 정제하는 것이 우선이고, 정제된 데이터를 최대한 많이 쌓아 빅데이터화하여 이것이 유의미한 결과를 도출할 수 있을 때부터 빅데이터를 활용한 고객 추천이 가능해진다.

초기 단계의 고객 추천은 고객이 본 상품과 유사한 상품을 추천하는 등 고객의 행동 데이터에 기반한 행동의 결과로서의 추천이다. 고객의 니즈를 미리 파악하고 예측하여 추천하는 단계에 이르려면 딥러닝, 머신러닝, AI의 기술이 활용되어야 한다. 이러한 기술 분야들이 적용된 대표적인 서비스가 챗봇, 이미지를 이용한 상품 검색 등이다.

AI를 통해서 고객의 자연어를 학습한 챗봇 서비스는 상품 추천 서비스로 진화했고, 이미지를 이용한 상품 검색 등 AI를 이용한 상품의 데이터화와 이커머스 3.0으로의 진화를 시작했다.

롯데닷컴은 의류 상품 이미지를 분석해 유사한 색상 및 패턴을 가진 상품을 찾아주는 인공지능 기반 이미지 검색 서비스인 '스타일 추천'을 오픈했고, 구글에서 AI 이미지 검색 '구글렌즈'를 론칭한 데 이어 국내의 검색 일인자 네이버도 딥러닝 기반 비주얼 검색 '스마트 렌즈'를 출시하였다.

이커머스 3.0 시대의 플랫폼 헤게모니를 잡기 위한 디바이스 전쟁도 가속화됐다. 아마존이 알렉사를 통해서 고객의 집으로 침투하려는 전략처럼 국내에서는 이동통신사와 포탈을 중심으로 하여 AI 스피커 경쟁이 진행되었다. SKT의 NUGU와 KT의 기가 지니를 비롯하여 네이버의 클로버, 카카오 미니 등이 출시되었고 음성 커머스 서비스로의 연계도 일어났다. 11번가는 자회사 SKT의 AI 스피커인 NUGU에 커머스 기능을 연계하여 생필품과 추천 상품 등을 판매하는 쇼핑 서비스를 시작하였다. 롯데닷컴은 KT의 기가 지니와 MOU를 체결하며 음성 이커머스에서도 앞다투어 선두 경쟁이 일어났다.

신세계는 '쓱톡, 쓱렌즈, CS봇'등 AI 기술을 커머스에 적극 도입하며 기존 오프라인 유통강자에서 IT 기업으로 거듭나기 위해 노력하고 있다. 신세계 그룹은 올해 3월 온라인 통합 신설 법인을 설립하며 이커머스 3.0 시대에서도 유통 일인자의 자리를 고수하기 위해 자원 투자와 노력을 계속하고 있다. 또한 소셜 커머스 티몬은 삼성전자 빅스비와의 제휴를 통해서 쇼핑서비스를 제공한다. 이처럼 사물인터넷 기반이 약한 온라인 커머스 회사들까지 AI를 연계한 쇼핑 서비스에 관심을 기울이고 투자를 계속하고 있다.

O2O와 공유경제로 새로운 시장을 창출하다

모바일이 활성화되면서 쇼핑과 거래는 실제 인간의 행동과 삶에 좀 더 가까운 방향으로 발전했다. 인간이 쇼핑하는 행위는 모바일상에서 일어나지만 인간의 실체는 현실세계, 즉 오프라인에 존재한다. 이렇게 모바일은 오프라인 영역에 있는 인간의 삶과 모바일상의 온라인 네트워크를 연결하는 매개체가 되었다. 이 같은 모바일 보급률의 상승과 함께 온오프라인 결합형태인 O2O 서비스가 등장했다. 대표적인 서비스로는 음식 배달앱인 배달의 민족, 요기요, 배달통 등이 있으며 호텔 숙박앱인 야놀자, 여기어때 등도 이에 속한다. 모바일앱 카카오 택시는 출시된 지 불과 3년 만에 택시 이용 패턴을 바꾸었다.

국내 O2O 시장은 2017년도에 321조 원에 달하며, 2020년에는 약 1,081조 원 규모까지 성장할 것으로 기대된다. O2O와 관련된 사업화 아이디어는 여전히 우리 주변 도처에 깔려 있다. 내 삶의 어떤 부분을 모바일 플랫폼과 연결할 수 있을지 진지한 고찰을 해볼 필요가 있다. 누구나 무에서 유를 창조한 스타트업 기업가의 신화를 쓸 수 있다.

모바일 플랫폼이 활성화되면서 새롭게 떠오른 비즈니스 콘셉트로는 에어비앤비와 우버 같은 공유경제sharing economy서비스를 들 수 있다. 컨설팅 업체 PwC에 따르면 우버와 에어비엔비로 대표되는 전 세계 공유경제 시장 규모는 지난 2014년 기준 약 150억 달러 규모였으나 앞으로 10년 뒤에는 잠재가치가 약 20배 정도 증가한 3,350억 달러에 이를 전망이다. 그러나 국내에서는 법적인 규제와 기존 업계의 반발, 사용자들의 낮은 인식 등으로 인해 세계적인 성장 추세를 따라가지 못하고 있는 실정이다.

스마트폰으로 O2O나 공유경제 비즈니스를 실현할 수 있는 이유는 스마트폰이라는 기기의 특성에서 비롯한다. 이동성, 휴대성, 개인화 등의 특성을 기반으로 위치 기반 시스템을 이용할 수 있기 때문이다.

모바일은 이커머스가 자생하는 생태계의 위치를 완벽하게 바꾸어 놓았다. 앞으로 온라인 쇼핑을 비롯한 거의 모든 인터넷 서비스는 모바일 플랫폼을 기반으로 할 것이며, 그 모바일 플랫폼은 스마트폰을 벗어나 다양한 형태로 나타나게 될 것이다. 미래의 이커머스 업계에서 새로운 기회를 찾고 또 성공하고자 한다면 반드시 모바일의 변화에 관심을 가지고 지켜봐야 한다.

쇼핑몰 밖으로 나간 이커머스

온라인 쇼핑의 주요 디바이스가 PC에서 모바일로 이동했듯, 이제는 쇼핑몰 안에서 쇼핑몰 바깥으로 이동하는 '탈플랫폼화', '플랫폼 다변화' 현상이 일어나고 있다. 과거에는 상품을 판매하려고 하면 쇼핑몰을 만들거나 기존 쇼핑몰에 입점하는 형태였다. 그러나 지금은 보다 다양한 방식으로 상품의 판매가 가능하다.

블로그나 카페를 통한 판매는 비교적 전통적인 방식에 속한다. 최근에는 소셜 미디어의 폭발적인 성장에 힘입어 페이스북, 인스타그램과 같은 소셜 미디어상에서 소위 대박을 올리는 젊은 1인 사업가가 많이 등장하고 있다.

소셜 미디어는 개인적인 취미와 일상을 친구들과 공유하는 곳이다. 소셜 미디어에서의 판매는 기존 쇼핑몰 판매처럼 일반 대중을 대상으로 하지 않고 나를 팔로한 특정 타깃을 대상으로 하므로 충성도와 판매전환율이 높다. 따라서 많은 팔로워를 확보하는 것이 곧 판매량과 직결된다. 소셜 미디어는 이처럼 개인적인 나눔의 공간이면서 상업적인 거래가 일어나는 플랫폼으로 기존의 온라인 쇼핑몰과 차별화된 가치를 만들어나가고 있다.

5

온오프라인의 경계를 허무는 새로운 쇼핑 경험에 집중하라

새로운 유통 시장이 열리다

아마존과 알리바바는 오프라인 매장을 열고 있고, 월마트는 온라인 서비스를 강화하고 있다. 시작이 온라인인지 오프라인인지를 떠나서 유통의 강자들은 모두 온라인과 오프라인의 경계를 넘나들고 있다. 어느 한쪽 채널만을 확장해서는 미래 유통 시장을 장악할 수 없기 때문이다. 이커머스 기업들이 오프라인으로 진출하는 목적은 오프라인에서 소비자 행동 데이터를 얻으려는 데 있다. 소비자들은 온오프라인에 상관없이 편리하게 사용할 수 있는 쇼핑의 형태를 선택한다. 4차 산업혁명의 기술들이 접목된 미래의 온라인 쇼핑은 지금과는 다른 형태일 것이다.

무인 점포의 탄생

모바일앱을 켜고 입장해서 물건을 가지고 나오기만 하면 되는, 노 라인 노 체크아웃No Lines No Checkouts(계산대에 줄 서서 기다렸다 계산하는 절차가 없다는 의미)이라는 슬로건을 내건 '아마존고'와 30분 이내 배송, 안면인식 무인 결제 등 첨단 기술을 집약한 알리바바의 신선식품 매장 '허마셴성'. 이 두 매장은 글로벌 이커머스 강자들의 오프라인 매장이다. 매장 운영자도 없고 24시간 인공지능 AI로 관리되는 자동 운영 시스템을 갖춘 무인 편의점, 주문받는 직원이 없고 로봇이 주문을 받는 커피 전문점, 얼굴 인식으로 출입하고 간편 결제로 책을 사는 무인 서점 등 마치 미래 도시를 말하는 것 같지만 우리와 겨우 1시간 시차밖에 나지 않는 중국의 이야기다. 이러한 오프라인 점포는 각종 센서 기술, 음성인식 기술, 머신러닝Machhine learning을 비롯해 인공지능 기술까지 총망라한 기술의 총합체라고 할 수 있다.

무인 오프라인 점포는 유통의 미래 모습을 제시하고 있지만 우려와 걱정도 많다. 아마존고와 같은 크기의 일반 오프라인 마트를 운영하려면 대략 90명의 직원이 필요하다고 하는데, 아마존고에는 5~6명의 직원만 근무한다. 이 극단적으로 합리화된 자본주의의 산물인 무인 상점들은 기존 일자리를 위협하는 존재가 되어 우려와 경계의 시선 또한 적지 않다. 무인 점포의 확산이 예견되는 멀지 않은 유통의 미래를 앞두고 소비자로서 편의를 누리는 측면 외에 사업가로서 어떠한 선택을 해야 할지, 어떠한 사업분야에 집중해야 미래에 생존할 수 있을지 진지하고 깊은 고민이 필요한 시기다.

풍부해지는 쇼핑 경험, 옴니채널

옴니채널을 사전에서 찾아보면 '모든 것, 모든 방식을 의미하는 접두사 옴니omni와 유통경로를 의미하는 채널channel의 합성어로, 온오프라인 매장을 결합하여 소비자가 언제 어디서든 구매할 수 있도록 한 쇼핑 체계'라고 정의되어 있다. 즉 고객을 중심으로 하여 온오프라인에서 동일한 쇼핑 경험을 제공하는 것이 핵심이다. 온라인 쇼핑은 최대한 오프라인에 가까운 고객 경험을 제공하려고 노력하고 있고, 전통 유통업계는 온라인 쇼핑 시장의 등장에 따른 매출 하락을 만회하기 위해 온라인 쇼핑 플랫폼, 쇼핑 카탈로그 등 모든 판매 채널을 유기적으로 결합해 고객에게 크로스 채널 쇼핑 경험을 제공하는 옴니채널 전략에 주목하고 있다.

온라인 패션 쇼핑의 한계를 넘다, 아마존 워드로브

아마존은 온라인 패션 쇼핑의 한계를 오프라인과 비슷한 고객 경험이 가능한 서비스를 통해서 패션 쇼핑의 옴니채널을 구현하려고 한다. 아마존 프라임 회원에 한해 제공되는 '프라임 워드로브prime wardrobe'는 온라인에서 선택한 의류와 신발, 액세서리 등을 집에서 미리 입어보고 마음에 들지 않으면 무료로 반품할 수 있는 서비스다. 아마존은 고객이 주문한 물품을 보낼 때 '반송 라벨'이 붙은 상자도 함께 보내 고객이 구매하지 않을 물품을 쉽게 반송할 수 있도록 편의를 제공할 계획이라고 한다.

오프라인 패션 쇼핑 환경의 진화, 이베이 매직 미러

이베이는 쇼핑 환경 진화를 위한 신규 사업 전략의 일환으로 패션 브랜드, 백화점 등과 제휴하여 '커넥티드 스토어 시스템connected store system'을 구축했다. 매장에 방문한 고객은 '매직 미러magic mirror'라고 불리는 양방향 터치스크린 기능이 탑재된 대형 거울을 볼 수 있는데, 이 거울은 고객들의 쇼핑 관련 정보 탐색이나 피팅룸에서의 상품 착용을 지원한다.

레베카 밍코프 매장의 매직 미러 피팅룸에 들어간 고객이 매직 미러를 사용하기 위해 화면을 터치하고 있다.

예를 들어 블라우스와 재킷 차림으로 피팅룸에 들어가면 자동으로 시스템이 켜지면서 이에 맞는 추천 핸드백을 표시해준다. 마음에 드는 물건이 있을 때 전화번호를 입력하면 상품이 준비되는 대로 스마트폰을 통해 문자 메시지가 온다. 피팅룸에서 입어본 상품이 마음에 들지 않으면 바깥으로 나올 필요없이 매직 미러상의 다른 상품 버튼을 클릭

하면 점원이 직접 해당 상품을 피팅룸으로 전달해준다. 구매의사가 있는 상품은 피팅룸에서 결제도 가능하다. 매장에서 구매 결정을 못 했더라도 고객이 피팅해본 상품의 정보가 온라인 쇼핑몰에 저장되어 이후에 온라인 사이트를 통해서도 그 상품을 구매할 수 있다.

온라인 쇼핑의 등장으로 위기에 놓인 많은 오프라인 매장들이 커넥티드 스토어 기술을 검토하고 있다. 오프라인에 기반이 있는 전통 소매 유통은 매장에서의 더 새롭고 풍부한 고객 경험을 제공함으로써 고객의 오프라인 매장 방문을 유도하고, 이를 자사의 온라인 매장과 연동하는 서비스를 통해 온라인 쇼핑몰과의 차별성을 강조하고 생존하고자 계속 혁신을 위한 투자를 진행하고 있다.

온라인 가구 구매 도우미, 이케아 AR 서비스

이케아는 증강현실AR, Augmented Reality 기술을 이용해서 자사의 가구나 소품을 미리 고객의 공간에 배치시켜보는 서비스를 제공하고 있다. 증강현실이란 현실 세계에 3차원의 가상 물체를 겹쳐서 보여주는 기술을 활용해 현실과 가상환경을 융합하는 복합형 가상현실을 이르는 말이다. 인테리어 전문 매장을 방문해보면 가구와 소품을 이용해서 아주 멋진 공간을 꾸며 놓았는데, 그것만 보고 상품을 사서 집에다 가져다 두면 집 안 전체 분위기와 영 안 어울리는 경우들이 있다. 이케아의 AR 서비스는 실제 내 공간에 이 상품이 얼마나 어울리는지 미리 AR 기술을 이용해서 확인해볼 수 있는 서비스로 상품이 마음에 들면 온라인에서 바로 구매할 수도 있고, 매장에 방문하여 상품을 확인하고 주문할 수도 있다.

이케아 플레이스 이케아 증강현실 앱으로 이용자가 본인의 거실에 노란색 이케아 의자를 올려보고 있다.

위기 타개를 위한 베스트바이의 변신

베스트바이Best Buy는 우리나라로 따지면 '전자랜드' 같은 전자제품 판매 체인이다. 아마존의 습격에 전통 강호 오프라인 백화점들이 무너지고 있는 가운데 베스트바이는 혁신을 통해서 성장세를 이어가고 있다.

베스트바이는 오프라인 매장을 고정비만 많이 드는 애물단지가 아니라 아마존이 가지지 못한 자산으로 정의하고 매장을 새로운 수익원으로 만들었다. 우선 매장을 제품을 판매하는 공간이 아닌 고객 체험 공간으로 변신시켰다. 각 브랜드의 전문가를 배치해 기기 사용법을 설명하도록 했고 브랜드 숍인숍도 적극 유치했다. 최근에는 아마존과 구글의 스마트 홈 시스템을 비교하는 전시장도 만들어 경쟁구도에 있는 두 업체의 상품을 고객이 객관적으로 비교하고 체험할 수 있도록 했다.

또한 베스트바이는 직접 찾아가는 서비스, 긱 스쿼드Geek Squad의 운영을 시작했는데, 이는 스마트 기기에 익숙한 긱Geek(전자공학이나 전자기기 등의 한 분야 혹은 여러 분야를 탁월하게 이해하고 있는 괴짜)들이 가정에 방문해 설치부터 사용법까지 상담해주고 전자기기에 익숙하지 않은 고객들을 위해서 상품 추천 등 스마트 기기를 설명하면서 고객과의 장기적인 친분을 쌓는 서비스다.

전자 제품은 아무리 가격과 스펙을 비교해봐도 여전히 불안감이 남는 상품군이다. 고가이면서도 한번 구입하면 오래 사용해야 하는 데다가 복잡한 기능들을 모두 이해하고 구입하기는 어렵기 때문이다. 베스트바이는 이런 고객의 필요를 잘 간파해 새로운 서비스로 연결시켜 아마존이 하지 않았던, 베스트바이이기 때문에 잘할 수 있는 서비스로 승화시켰다.

온라인 시대가 왔다고 해서 오프라인이 가치가 전혀 없는 것은 아니다. 베스트바이처럼 오프라인에서 본인만의 강점을 찾아 경쟁력으로 차별화해낼 수 있는 깊이 있는 전략이 필요하다.

6

빅데이터 기반 개인 맞춤 큐레이션을 설계하라

상품 큐레이션 서비스의 시작

2015년 11월 어느 날 퇴근 무렵 갑자기 웅성거리는 소리가 들렸다. 회사에서 시작한 미래 성장전략 컨설팅 주제의 하나였던 개인화 상품 추천 서비스인 '큐레이션' 서비스의 실행을 위한 TF[Task force](특별전담팀) 발령이 있었기 때문이다. 모바일 플랫폼을 기획하고 운영하는 우리 팀에서도 두 명의 매니저가 TF로 발령이 났다. 전사에서 발탁된 몇 명의 인력과 컨설팅회사가 함께하는 팀으로, 그 이름도 생소한 '큐레이션TF'였다.

당시 나는 모바일 기획팀에서 서비스 기획 업무를 담당하고 있었는데, '업계에서 새로 시도되는 큐레이션 서비스 일을 해보면 배울 것이 얼마나 많을까' 하고 생각했더랬다.

그렇게 큐레이션TF가 3개월째에 접어드는 2016년, 나는 큐레이션 팀의 팀장으로 임명되었다. 막연히 부러워하기만 큐레이션 서비스를 주도하는 일이 드디어 나의 일이 된 것이다.

빅데이터와 상품 큐레이션

모바일로 온라인 쇼핑 플랫폼 변화가 일어난 이후 쇼핑몰의 주요 과제는 '어떻게 해야 작은 모바일 디바이스 환경에서 상품을 효율적으로 노출시킬 수 있는가'에 관한 것이었다. 쇼핑몰에 등록된 수많은 아이템 중 고객이 관심을 가질 만한, 즉 구매 가능성이 큰 상품을 예측하여 고객에게 선제적으로 제안할 수만 있다면 고객의 구매전환율을 높일 수 있고, 이는 바로 매출의 증가로 이어진다.

온라인 쇼핑몰에는 고객이 쇼핑몰에 방문해서 활동한 모든 흔적이 데이터로 남아 있다. 이러한 고객 행동 데이터를 제대로 조직화하고 분석하여 고객의 선호 상품을 예측하여 제안한다. 그리고 그 예측의 정확도를 높여나가는 것이 알고리즘 기반 큐레이션 서비스의 핵심 개념이다.

큐레이션 커머스, 데이터 커머스가 되다

큐레이션 커머스는 많은 상품수가 쇼핑몰의 경쟁력이던 과거의 커머스적인 발상에서 벗어나 고객과 상품 간의 '추천'이라는 관계 정립을 통해 개별 상품의 가치를 고객마다 다르게 매긴, '상품 상대성 이론'의 커머스 개념이라고 볼 수 있다. 즉 바다에서 진주 찾기에 지친 고객들을 위해 개별 고객의 '필요'와 '취향'을 저격하는 것이다.

몇백만 개의 상품을 운영하고 있는 쇼핑몰이 있다고 하자. 그 쇼핑몰을 방문한 고객은 한 번에 몇 개 정도의 상품을 보고 구매를 결정하게 될까? 실제 고객이 한 페이지에서 집중력 있게 브라우징하는 상품은 30개 정도로 파악된다. 아무리 많은 상품이 있더라도 30~40개 내외에서 고객의 지갑이 열릴 것인가, 아니면 그냥 떠나버릴 것인가가 결정되는 것이다.

모처럼 우리 가게에 들른 고객에게 '자, 여기 백만 개 상품이 있으니 마음껏 둘러보세요'라고 할 것인가 아니면 '배은지 고객님을 위해 엄선한 30개의 상품이 여기에 있습니다. 고객님의 최근 관심사와 취향을 파악해서 준비하였으니 한번 검토해주시기 바랍니다'라는 접근이 더 먹힐까?

'큐레이션'이라는 단어는 박물관이나 미술관에서 작품을 수집하고 설명해주는 '큐레이터'에서 파생된 개념이다. 쇼핑몰에서 고객에게 상품을 전시하는 모든 활동이 광의의 큐레이션(추천)이라고도 말할 수 있다. 그러나 '고객 데이터'를 기반으로 한 분석 기술의 발달은 불특정 다수를 상대로 같은 상품을 보여주었던 기존의 1차원적인 추천에서 벗어나, 보다 디테일하고 정교하게 나만을 위한 상품을 보여주는 방식으로 진화하였다.

아마존의 개인 맞춤 큐레이션 알고리즘은 회원들의 소비 패턴을 분석해 구매 가능한 상품을 추천하는데, 아마존 성장의 일등 공신으로 매출의 35퍼센트가 추천 상품에서 발생한다. 아마존은 자사의 추천 시스템을 'A9'이라 부르고 특허로 등록했다. 아마존은 고유의 항목 기반 협업 필터링Item-to-item collaborative filtering을 사용한다.

최근 커머스를 강화하고 있는 소셜 미디어상에서의 상품 추천 또한 맞춤형 알고리즘에 기반을 두고 있다. 특정 고객에게 그가 관심 있게 보았던 피드 정보를 기반으로 상품이나 광고를 노출하면 클릭 반응률을 더 높일 수 있기 때문이다.

이렇듯 큐레이션 커머스는 모바일 디바이스 및 빅데이터와 결합하여 상품 노출과 전시의 새로운 기술 트렌드가 되었다.

큐레이션 서비스 그랜드 오픈

홈앤쇼핑이 그동안 쌓아온 고객의 행동 데이터와 실적 데이터를 기반으로 알고리즘의 근간이 완성되었고, 3개월가량의 테스트와 검증을 거쳐 드디어 역사적인 론칭을 했다.

나는 큐레이션 팀이 만들어지고 나서 가속도가 붙은 조직의 변화 속에서 적응하고 배워나가느라 바쁜 나날을 보냈다. 솔직히 말해서 내내

망망대해에 떠 있는 기분이었다. 내가 가는 방향이 맞는지조차 확신할 수 없는 불확실성이 나를 긴장하게 했다. 매일매일 너무나 분주한 나머지 익사 직전에 처절하게 팔을 저으며 입술로 차가운 바닷물을 느끼는, 가쁘게 숨을 쉬며 겨우겨우 물 위에 떠 있는 그런 기분이었다.

5월 초 고객 100만 명을 대상으로 서비스를 적용했는데 성과가 나쁘지 않아 우리는 잔뜩 고무되었다. 그때는 론칭만 하면 꽃길만 기다리고 있을 줄 알았다. 하지만 큐레이션 서비스가 본격적으로 모습을 드러내자 개선사항에 대한 접수가 끝없이 몰려들었다. 당연히 실적에 대한 압박이 닥쳐왔으며, 운영 관련된 현실적인 부담감이 나를 짓눌렀다. 주변의 기대와 우려 때문에 밤잠을 설치기도 했다.

큐레이션 서비스를 고도화하다

서비스 초반에는 무수한 시행착오를 거쳤다. 수없이 많은 갈등이 있었고, 이를 해결하기 위한 시도들이 이어졌다. 서비스 초반 예상했던 성과가 나오지 않을 때는 너무나 답답하여 '과연 되는 것일까? 이 끝에는 뭐가 있을까?' 하는 자신 없는 생각을 하기도 했다.

서비스를 유지하고 고도화하는 일은 서비스를 오픈하는 것만큼, 혹은 그보다 더 어렵고 중요한 일이다. 론칭 시에 집중되던 관심이 잦아들면 쉽게 집중력을 잃고 소홀해질 수 있기 때문이다. 서비스를 고도화하기 위해 팀원 모두에게 비전을 가지고 인사이트를 찾아내 서비스를 개선해나가는 주도적인 자세가 요구되었다. 서서히 조직에서 담당 역할들이 자리를 잡았고, 감과 경험치에 의존하여 서비스 성과를 판단하거나 적용해나가는 관행적인 업무 방식이 개선되어 갔다. 그리고 데이터에 기반해 서비스의 변화를 해석해 나가고 데이터 속에서 발견한 인사이트를 다시 서비스에 적용하고 검증해나가는, 데이터 기반의 분석역량이 차곡차곡 쌓여갔다.

많은 테스트와 검증을 통해 인기상품 추천 로직보다 개인의 행동에 기반한 맞춤 추천이 효과적이라는 것을 확신할 수 있었다. 확신이 생기자 서비스 고도화에 대한 몰입도는 더 커져갔다. '큐레이션'은 정제된 상품 정보를 바탕으로 하여 추천 알고리즘이 올라가고 그 알고리즘을 실행하는 시스템 구조와 추천 알고리즘을 고객에게 커뮤니케이션하는 UI로 이루어져 있다. 따라서 큐레이션 서비스를 온전히 실행하기 위해서는 다양한 부서의 협업 없이는 불가능하다. 이에 따라 큐레이션TF는 마케팅팀, 모바일 기획팀, 정보 기획팀의 담당자들을 회의에 참여시켜 이해도를 높이고 서비스 개선 아이디어를 함께 협의하고 구현했다.

머신러닝으로 진화하는 큐레이션

큐레이션 서비스를 운영하면서 매력을 느꼈던 부분 중 가장 어려웠던 것은 큐레이션 서비스의 과정과 결과에서의 양면성이었다. 큐레이션은 서비스를 설계하고 제공하는 쇼핑몰 입장에서는 기술의 집합체지만, 정작 결과물로서 소비자의 추천 만족도 평가는 개개인 고객의 감성적인 가치 판단에 있다. 잘 설계된 알고리즘 기반하에 수학적인 오류 없이 어떤 상품이 고객에게 추천되었다고 할지라도 정작 그 상품을 추천받은 고객이 '왜 나에게 이런 상품을 추천했지?'라고 의문을 가지는 순간 그 고객은 상품 추천에 대한 부정적인 경험을 하게 되고 추천의 신뢰도가 추락한다. 이러한 상황들이 반복된다면 고객은 추천되는 상품을 더 이상 둘러보지 않게 될 것이다.

왜 이런 일이 발생하는 것일까? 알고리즘은 몇 가지 대표적인 변수를 반영하여 설계된 표준화된 수학 공식이라고 볼 수 있다. 그 대표적인 변수가 고객의 과거 행동 데이터다. 큐레이션 알고리즘은 고객의 행동 데이터, 즉 고객이 쇼핑몰에서 검색하거나 클릭한 상품과 유사한 카테고리의 상품을 추천한다.

그러나 고객이 이미 그 상품을 구매했을 수도 있고, 어느 날 비가 와서 일시적으로 우산을 많이 봤다든지, 어버이날이라 카네이션을 집중 검색했다든지 하는 등 특정한 상황이 발생해서 행동 데이터가 증가했을 수도 있다. 알고리즘을 고도화하고 보완하면서 이러한 경우들을 개선했으나 고객의 행동을 미리 '예측'하여 상품을 추천하기에는 한계가 있었다.

머신러닝이라는 개념은 기본적으로 알고리즘을 이용해 데이터를 분석하고, 분석을 통해 학습하며 학습한 내용을 기반으로 판단이나 예측을 하는 것이다. 즉 학습을 통해 알고리즘을 진화시켜 나가는 것이다. 예를 들어 고객의 구매 습관이나 패턴을 파악하여 생수처럼 반복

구매하는 상품의 경우 구매주기가 돌아왔을 때 미리 추천한다든가, 작년 추석 명절 때 고객이 구매한 상품을 분석하여 고객의 구매 성향을 파악해 추석 선물을 추천한다든지 하는 '예측' 추천이 가능하도록 지속적으로 학습을 하여 추천의 정확도와 예측력을 높여가는 것이다. 이러한 큐레이션의 진화는 궁극적으로 고객이 쇼핑몰에 방문했을 때 상품을 찾아 헤매지 않더라도 만족스러운 쇼핑할 수 있도록 해준다. 고객의 쇼핑 시간을 줄여주고 쇼핑을 만족하게 해주는 진화된 큐레이션을 위한 연구가 지금도 계속되고 있다.

빅데이터를 활용하라

아마존과 알리바바, 그리고 국내의 많은 기업에서 온오프라인을 막론하고 빅데이터를 수집해 활용하기 위한 투자와 시도가 이어지고 있다. 빅데이터를 활용하면 매출은 확대하면서도 투입되는 비용은 절감할 수 있다. 그러기 위해서는 데이터를 통한 '예측'이 중요한데, 활용할 수 있는 데이터가 많이 축적될수록 다양한 관점의 데이터를 이용해서 예측의 정확도가 높아진다.

데이터 분석을 통해서 고객들의 구매 패턴이 파악되면 요일, 시간대별로 필요한 상품의 종류와 주문량을 예측할 수 있기 때문에 미리 상품을 준비해둘 수 있다. 또한 필요한 물동량을 사전에 알 수 있기 때문에 인력을 계획적으로 활용할 수 있으며 바빠지는 시즌에 놓치게 되는 주문 건이나 늦어지는 배송 문제에도 미리 대응할 수 있다.

이러한 일련의 예측을 통한 비즈니스는 자동화의 기반이 되고, 자동화를 통해서 사업의 효율성이 올라간다. 아마존과 알리바바 등의 해외 선진 기업에는 빅데이터를 통한 서비스 혁신 사례들이 많다. 상품 추천의 영역을 넘어서 이커머스 사업 전반에서 빅데이터는 활용가치가 아주 크다.

7

앞서가는 고객의 소비 트렌드에 주목하라

동영상과 스토리에 집중하라

마케팅의 아버지로 불리는 필립 코틀러Philip Kotler는 시장의 진화를 3단계로 설명한다. 1.0 시장은 공급이 부족하고 시장이 성장하는 산업화 시대로 상품을 잘 만드는 것이 중요했던 시기다. 2.0 시장은 공급이 넘쳐나 새로운 시장을 창출하는 것이 핵심이었다. 마지막으로 3.0 시장은 가치 주도의 시대로, 기업은 소비자를 이성과 감성, 영혼을 지닌 인간으로 바라봐야 한다고 했다. 3.0 시장에서는 고객의 욕구를 충족시켜 주는 것은 기본이고 공감과 소통, 참여를 통해 영혼마저 감동시켜야 한다고 말한다. 이미 세상에는 존재할 수 있는 모든 종류의 아이템이 다 출시된 것처럼 보인다. 새로운 시장이 창출되는 속도도 둔화되었다.

이러한 공급 과잉 시대에서는 상품 차별화를 넘어서 그 상품만의 이야기를 들려줄 수 있어야 고객의 지갑을 열 수 있다. 이야기는 이것저것 맥락 없고 두서없이 나열되는 방식이 아니라 일관된 색깔과 연결 구조를 가지고 있어서 고객이 몰입할 수 있는 것이어야 한다. 즉 상품으로부터 어떤 이야기를 끄집어내 그 중 어떤 포인트를 콘셉트화해서 고객에게 전달할 것인가가 상품 판매의 가장 핵심이 되는 소비 트렌드가 되었다.

어떤 것을 판매하더라도 우선 콘셉트를 잡고 그 콘셉트를 전달할 수 있는 콘텐츠를 제대로 만들 수 있어야 소위 대박을 기대할 수 있다. 최근 SNS상에서 짧은 동영상으로 상품을 판매하는 소셜 미디어 커머스가 인기인데, 그 상품들이 이전에 없었던 전혀 새로운 아이템이라 잘 팔리는 것은 아니다. 예를 들어 앞서서 소개한 '마약 베개' 같은 기능성 베개는 전혀 새로운 아이템이 아니다. 그러나 고객은 베개 사이에 넣어둔 계란 한 판이 강한 압력에도 깨지지 않고 견디는 상품 동영상을 보며 호기심을 느낀다. 그리고 그 상품 페이지를 방문해보면 상품의 콘셉트를 다양한 이야기로 풀어둔 아주 잘 만들어진 기술서를 만나게 된다.

가격과 스펙 차별화로 상품을 판매하는 시대는 지났다. 그러한 전략으로는 절대 롱런할 수 없다. 내 상품을 어떤 이야기와 콘텐츠로, 어떤 플랫폼에서 어떻게 콘셉트화해서 판매할 것인가가 중요하다. 상품을 기획하고 판매 전략을 수립할 때 그 상품의 이야기를 이끌어내고 표현할 수 있는 감각적이고 입체적인 방법을 찾아내자. 이것이 미래 생존을 위한 필수요소다.

프로슈머 2.0

미래학자 앨빈 토플러는 그의 대표 저서인《제3의 물결》에서 프로슈머prosumer의 등장을 예견했다. 판매나 교환을 위해서가 아니라 자신의 사용이나 만족을 위해 제품, 서비스 또는 경험을 생산하는 이들을 가리켜 생산과 소비를 겸한다는 의미의 프로슈머로 지칭한 것이다.

최근 등장한 판매자 혹은 공급자들은 자신이 사용하거나 만족을 위한다는 목표를 가지고 있으면서도 시장 시스템과 매우 긴밀하게 연결되어 있다. 다시 말해 앨빈 토플러가 언급한 프로슈머보다 한 단계 진화한 '프로슈머 2.0'이라고 말할 수 있다.

프로슈머가 상품의 생산자면서 판매자로 성공할 수 있는 핵심은 전문성을 바탕으로 한 차별화에 있다. 프로슈머는 상품을 많이 써보고 그에 대해 오래 고민한 사람이다. 긴 경험과 여러 시행착오를 통해서 기존 상품의 한계가 무엇이고, 어떤 부분을 개선해야 사용자의 필요에 딱 부합하는지 몸소 체득한 상품 전문가인 것이다. 출산 후 직접 사용해본 아기띠의 불편함을 보완한 아기띠 상품으로 대박이 난 '코니바이에린 임이랑 대표'의 성공사례처럼 돈으로 살 수도 없고 배워서 학습할 수도 없는 나만이 가진 사용 경험을 바탕으로 한 전문성은 탁월한 상품 차별화를 만든다.

프로슈머의 상품 인사이트가 도출되기까지의 과정은 흰 가운을 입은 연구원들이 실험실에서 탄생시킨 학문적, 과학적 지식을 바탕으로 한 기존의 상품 개발 스토리보다 좀 더 따뜻하고 인간적인 강점이 있다. 이러한 제품의 장점이 상업적이지 않고 꾸밈없는, 개인의 생활을 그대로 보여주는 SNS라는 플랫폼과 결합될 때, 상품 기획자의 진정성을 신뢰하고 상품의 필요에 공감하는 개인들이 기꺼이 소비자가 된다.

나는 무엇에 관심이 많고 어떤 생활 환경을 가지고 있는가? 상품의 기획을 시장의 규모나 성장력 등 수치적인 통계에 의존하여 생각하지 말고, 나와 내 주변을 중심으로 생각해보자. 이미 내가 어떤 상품의 전문가일 수도 있다. 프로슈머는 특별한 사람이 아니다. 불편함을 적극적으로 해결하고자 하는, 내가 경험한 좋은 것들을 적극적으로 추천하고 전달하고자 하는 사람이다. 당신도 될 수 있다.

솔로 이코노미

1인 가구가 소비 경제의 중심으로 떠오르고 있다. 통계청은 전체 가구 중 1인 가구 비중이 25퍼센트로 가장 많고, 2045년이 되면 40퍼센트에 육박할 것이라고 전망했다. 솔로 이코노미는 향후 소비를 이끌 가장 주요한 핵심 키워드 중 하나다. TV 예능 '나혼자 산다'처럼 솔로들의 즐거운 생활이 더 주목을 받고, 혼술, 혼밥, 혼영처럼 홀로 즐기고 생활하는 것을 긍정적으로 표현하는 다양한 신조어도 많이 생겨났지만, 홀로 경제 활동과 더불어 집안 살림까지 감당해야 한다는 것이 솔로들의 현실이다.

'화장실 전구가 나갔다', '이케아에서 산 가구를 조립해야 한다', '내일은 평일인데 낮에 정수기 점검을 하러 온다' 등 부모님과 함께 살 때, 나 대신 누군가가 집을 지켜줄 때는 알 수 없었던 일의 빈자리가 수면위로 떠오르며 처리하기 난감해지는 새로운 일거리가 된다. 이러한 1인 가구의 어려움을 해소해줄 수 있는 각종 대행 서비스가 향후 큰 시장을 형성할 것이다.

1인 가구 고객을 위한 IT 서비스 또한 발전하고 있다. 기존 상품의 홍수 속에서 소비자를 허우적거리게 만들었던 롱테일 경제에서 소비자의 선택을 도와주고 시간을 절약해주는 데이터 기반의 '테일러링tailoring' 서비스가 글로벌 기업을 중심으로 개발되고 있다. 아마존은 '아마존 4-스타'라는 오프라인 매장을 열어 아마존 웹사이트에서 5점 만점에 4점 이상을 받은 제품만을 엄선해서 매장을 찾는 고객들에게 선보이고 있다. 패션 분야에서는 고객들의 시간을 절약해주고 패션 센스 업그레이드를 지원하는 서비스로 스티치 픽스Stitch Fix가 있다. 스티치 픽스는 고객에게 어울릴 만한 패션 아이템을 빅데이터 분석을 기반으로 선정한 후 매월 지정한 날짜에 배송해주는 서비스로, 고객의 만족도가 높아 의류업계의 넷플릭스로까지 불린다고 한다.

'솔로'라고 하면 20~30대의 부모로부터 독립한 젊은 세대를 떠올리기 쉬운데, 최근에는 졸혼, 비혼 등 결혼 문화가 다양화되면서 거의 전 연령대와 세대에 걸쳐 '솔로 이코노미'가 적용되고 있다. 향후 시장이 더 커지면 1인 가구뿐만 아니라 개인 활동이 많은 모든 사람, 사회 활동을 하는 모든 소비자에게 적용될 수 있는 거대한 소비시장이 될 것이다. 솔로 이코노미의 소비시장을 파악하고 면밀한 조사를 통해 상품화와 서비스 사업화에 성공한다면 미래 소비시장에서 큰 성과를 거둘 수 있을 것이다.

| 감사의 말 |

드디어 책의 마지막에 도달했다. 마지막은 꿈과 감사에 대한 이야기를 하고 싶다.

우선 내 책을 끝까지 읽어준 고마운 독자들에게 진심으로 감사드린다. 이 책을 정독했던 마음으로 이커머스 사업과 업무를 해나간다면 반드시 성공할 수 있다고 말씀드리고 싶다. 그만큼 당신은 뜨거운 열정과 꿈을 가진 사람이라는 뜻이다. 그 열정으로 도전을 두려워하지 말고 실행에 옮기기를 바란다.

그리고 나를 응원해주었던 따뜻한 나의 동료들에게 감사드린다. 책을 쓰겠다는 말에 놀리지 않고 나의 계획을 진지하게 들어주고 또 진심으로 조언해준 동료들이 있었기에 막연했던 책 쓰기를 꼭 시작해야겠다는 마음을 굳힐 수 있었다.

몇 년 전부터 새해 첫날 일 년을 계획하면서 한 해 동안 이루고 싶은 목표로 '책 쓰기'를 빠트리지 않고 넣었는데, 드디어 그 목표를 달성했다. 대학교를 갓 졸업하고 시작한 직장 생활이 20년에 접어들고 있다. 나는 직장에서 은퇴할 때까지 남기고 싶은 것이 세 가지 있다. 첫째는 직장 동료 이상의 평생 친구를 남기는 것이다. 운 좋게도 내게는 다섯 손가락에 꼽을 수 있는, 직장에서 만난 평생 친구가 있다. 둘째는 명함을 떼고 자연인이 되었을 때 직장 생활을 발판으로 인생 제2막을 시작할 수 있는 자신감을 얻는 것이다. 그리고 마지막이 내가 직장 생활을 하며 했던 일을 정리한 나만의 콘텐츠를 가지는 것이다. 나는 나의 첫 번째 책을 통해서 두 번째와 세 번째 꿈을 동시에 이루었다.

아침 9시 땡하면 정신없이 시작되는 회사생활에서 벗어나 생각을 환기시키고 집필하는 일은 시간을 쪼개서 살아야 하는 직장맘에게는 너무나도 힘든 일이었다. 책을 쓰는 동안 새벽 3시에 일어나기도 했고 주말에 꼬박 컴퓨터 앞에 앉아 있기도 했다. 나같이 바쁘고 정신없는 사람이 책을 쓴다는 것이 사치처럼 느껴지며 집필을 완료해야 한다는 부담감이 엄청난 무게감으로 어깨를 짓누르기도 했다.

그럴 때마다 사랑하는 가족이 옆에 있었기에 포기할 수 없었다. 책을 쓰겠다는 결심이 흔들릴 때마다 처음에 책을 쓰려고 했던 그때 그 첫 마음을 떠올렸다.

일하면서 책을 쓰느라 바쁜 엄마보다 더 의젓하고 긍정적인 성격의 내 아이는 책이 잘 안 써질 때마다 지친 나를 위로해준 가장 큰 위안이자 이 책을 마무리할 수 있도록 나를 이끌어준 원동력이 되어 주었다.

그리고 주말마다 책상 앞에 앉아서 글쓰기와 씨름하는 나를 위해서 주말 육아를 도맡아 해준 고마운 남편이 있었기에 바쁜 일상 속에서도 책을 완성할 수 있었다.

아들에게 '엄마 꼭 책 쓸게'라고 말한 약속을 반드시 지키고 싶었고, 나의 첫 번째 책에 그 아이의 이름을 꼭 넣어주고 싶은 소원이 있었는데 이룰 수 있게 되어 무엇보다 정말 기쁘다.

서진아, 엄마의 첫 번째 책은 서진이가 있어서 완성할 수 있었어. 고마워. 그리고 늘 함께해주는 내 평생의 연인이자 동반자 박현모 씨, 매일매일 웃게 해주셔서 감사합니다. 사랑하는 남편과 내 아들 서진이, 그리고 우리 막내 하늘이, 앞으로도 즐겁게 살자!

이 책을 사랑하는 박서진 군과 박현모 님께 바칩니다.

| 참고 문헌 |

[참고 도서 및 논문]

Amazon.com recommendations item-to-item collaborative filtering, Greg Linden, Brent Smith, and Jeremy York, IEEE Computer Society, 2003.

《러브마크》, 캐빈 로버츠, 서돌, 2007.
《시노다 과장의 삼시세끼》, 시노다 나오키, 앨리스, 2017.
《제3의 물결》, 앨빈 토플러, 홍신문화사, 2006.
《트렌드 코리아 2019》, 김난도 외, 미래의 창, 2018.

[참고 기사]

'Amazon Reveals New Details About Drone Deliveries', <TIME>, 2016. 1. 19.
'Even Amazon is surprised by how much people love Alexa', <QUARTZ>, 2018. 2. 4.
'Introducing Amazon 4-star', <The Amazon blog dayone>, 2018. 9. 26.
'Meet Amazon's busiest employee -- the Kiva robot', <CNET>, 2014. 11. 30.

'[100대 사건_041] 국내 최초 온라인 쇼핑몰 '인터파크' 개장 <1996년 6월>', <전자신문>, 2012. 9. 17.
'[경제]인터넷 쇼핑, 오픈마켓이 '대세'', <주간경향>, 2006. 8. 1.
'[광군제 D-1] 광군제 어디서 유래했나 - 4', <News1>, 2017. 11. 10.
'[기획人사이트] "마약베개, 노트에 끄적거린 낙서에서 탄생한 제품", 블랭크코퍼레이션 정주리 프로', <Platum>, 2018. 10. 10.
'[뉴스 속으로] 인공지능이 골라준 옷 어때요 … 패션계 넷플릭스 떴다', <중앙일보>, 2017. 8. 12.
'[전자상거래20년①]소비큰손 '엄지족'…53조 유통大權 쥔다', <아시아경제>, 2016. 9. 30.
'[포식자 네이버]②가격비교 검색부터 간편결제까지 '온라인 쇼핑' 장악 눈앞', <경향신문>, 2018. 5. 25.
"20세기 아마존' 시어스, 끝내 파산 신청…그들의 세 가지 패착', <한국경제>, 2018. 10. 16.
"닷컴버블 붕괴 10년' 승자의 비결은', <아시아경제>, 2010. 3. 9.
"러브마크는 브랜드의 미래", <한국경제매거진>, 2005. 06. 13.
"알리페이' … '이베이'를 물리친 '알리바바' 신의 한수', <에너지경제>, 2015. 07. 01.
"'엄지족' 기록 새로 썼다…모바일쇼핑 비중 61.6퍼센트 역대최고', <연합뉴스>, 2018. 6. 4.
""이커머스 3.0', 데이터 분석력 갖춘 네이버가 유통 시장 지배한다"', <조선비즈>, 2017. 12. 6.
'"디카 주문했더니 벽돌을 배달" 온라인몰 '먹튀' 사기수법 갈수록 진화..소비자들 '비명", <소비자가 만든 신문>, 2010. 1. 12.
'"로켓배송? 이젠 쓱 배송!" 이마트의 변신', <비즈니스워치>, 2016. 3. 10.
'"소비시장에 트레저헌터·아티젠 뜬다"', <머니투데이>, 2007. 7. 1.
'"시가총액 3위 오른 아마존, 미국 경제의 악몽"', <연합뉴스>, 2018. 3. 16.
'"온라인 쇼핑시장, 4년뒤 189兆 규모로 커진다"', <문화일보>, 2018. 7. 4.
'"입어본 후 사라"…아마존, '프라임 워드로브' 서비스 도입', <뉴스웍스>, 2017. 6. 21.
'"전자상거래 시대는 끝났다"…중국의 '신유통' 열풍', <매일경제>, 2018. 6. 22.
'"휴지 떨어졌어" 한 마디에 온라인 쇼핑 끝…음성 쇼핑 시대 온다', <아시아경제>, 2017.

3. 30.
'115년 역사 美백화점 체인 JC페니 138개 매장 폐쇄…온라인 강화', 〈연합뉴스〉, 2017. 3. 18.
'11번가 '위조품 보상제' 효과 톡톡', 〈디지털타임즈〉, 2008. 10. 16.
'20주년 맞은 아마존, 최고 최악의 순간들', 〈ZDNet Korea〉, 2015. 7. 8.
'2Q 국내 스마트폰 시장 '삼성 천하'... 점유율 48퍼센트', 〈서울경제〉, 2018. 9. 1.
'가격비교사이트, 올해 장사 잘했다', 〈전자신문〉, 2006. 12. 12.
'개인적인 필요에 의해 만들었다 50억 대박난 '지용이 엄마'", 〈jobsN〉, 2019. 1. 25.
'갤럭시 S10으로 주변 사진찍으면 티몬 쇼핑정보 뜬다', 〈매일경제〉, 2019. 3. 20.
'격동의 O2O 시장, 2017년 주목해야 할 2가지 관전포인트', 〈HelloT 첨단뉴스〉, 2017. 3. 15.
'공유경제 비즈니스... 한국서 잘 안되는 이유', 〈KINEWS〉, 2017. 7. 17.
'국산 AI 스피커를 한 자리에 놓고 써 보니', 〈동아사이언스〉, 2018. 1. 29.
'글로벌 셀링 전성 시대-국경 사라진 쇼핑…안방에서 수출역군 글로벌 전자상거래 1천조 원 시대 활짝', 〈매일경제〉, 2018. 11. 16.
'날개단 오픈마켓, 종합몰 넘는다', 〈전자신문〉, 2008. 1. 9.
'네이버 스마트스토어란?', 〈네이버 광고〉, 2018. 2. 1.
'네이버, 딥러닝 기반 비주얼 검색 '스마트 렌즈' 공개', 〈블로터〉, 2017. 7. 11.
'로레알, '스타일난다' 지분 100퍼센트 인수… "글로벌로 확장할 것"', 〈조선비즈〉, 2018. 5. 3.
'롯데닷컴, AI 기반 '스타일추천' 이용자 600만명 돌파', 〈전자신문〉, 2017. 6. 12.
'롯데닷컴, KT-롯데수퍼와 인공지능 음성장보기 서비스 선보여', 〈EBN〉, 2017. 11. 28.
'마켓컬리, '샛별배송' 통했다…하루 배송 1만건 돌파', 〈전자신문〉, 2018. 8. 7.
'베조스도 칭찬… '아마존 시대' 베스트바이 생존법', 〈머니투데이〉, 2018. 7. 23.
'소비 경제의 중심, 1인 가구에 주목하는 스마트 시티', 〈LG CNS 네이버 포스트〉, 2018.

12. 31.
'신선식품 새벽배송 전쟁-반복·정기 구매 많아 '마지막 블루오션' 잘하면 '유통업 포털'', <매일경제>, 2018. 6. 29.
'신세계그룹, 온라인 통합 신설법인 '에스에스지닷컴' 설립', <인공지능신문>, 2019. 2. 26.
'아시아 증시서 삼성 제친, 중국 IT기업…시가총액 상위 '장악'', <아시아경제>, 2018. 1. 10.
'오프라인 유통 몰락?…美 백화점 JC 페니 주가, 사상 최저', <초이스경제>, 2018. 8. 20.
'옥션 팔렸다.. 美 이베이, 지분 과반수 인수 경영권 확보', <ZDNet Korea>, 2001. 1. 9.
'옥션, 상반기 11억8천만원 순이익…흑자전환', <중앙일보>, 2002. 2. 25.
'옥션, 회원수 1000만명 돌파「단일 쇼핑몰 중 최대」', <ZDNet Korea>, 2004. 8. 3.
'웹 2.0이란 무엇인가?', <정보인권>, 2005. 12. 7.
'이마트 vs 쿠팡: 기저귀 전쟁은 유통 패러다임의 변화를 예고한다', <동아사이언스>, 2016. 3. 22.
'이마트 콘셉트 스마트 카트 일라이', <파이낸셜뉴스>, 2018. 4. 17.
'잠재가치 높은 '공유경제 비즈니스' 현황 및 전망', <Platum>, 2016. 6. 21.
'정용진, 자율주행 카트 "3년 내 상용화" 발언 후 관련업계 '분주'', <뉴시스>, 2018. 4. 1.
'中 알리바바, AI 스피커 판매 300만대 돌파', <ZDNet Korea>, 2018. 5. 29.
'中광군제, 24시간 매출 28조원 또 신기록…작년보다 40퍼센트↑', <조선닷컴>, 2017. 11. 12.
'중국 전자상거래 시장 규모, 4년 뒤 미국의 2배', <아주경제>, 2018. 8. 22.
'쿠팡 유료멤버십 '로켓와우', 가입자 100만 돌파', <ZDNet Korea>, 2018. 12. 24.
'쿠팡, 4년새 10배 성장….누적 배송 10억개', <뉴시스>, 2018. 9. 20.
'쿠팡, 매출 3조 돌파 유력…온라인유통 최강자 등극', <EBN>, 2018. 2. 20.
'쿠팡, 신선식품 '새벽배송' 전국 확대…유료멤버십 승부수 던졌다', <전자신문>, 2019.

1. 20.
'쿠팡, 日 소트프뱅크社부터 투자금 1.1조 유치', <이데일리>, 2015. 6. 30.
'쿠팡, 작년에도 6천억 적자 봐 자본잠식 상태에 빠져', <비즈니스포스트>, 2018. 4. 16.
'토이저러스의 몰락...아마존에 단물 빨리고, 디지털 대응 늦고', <중앙일보>, 2017. 9. 20.
'한국, 지난해 수출 6천 55억 달러 사상 최대', <VOA Korea>, 2018. 12. 31.
'화웨이, 애플 제쳤다…스마트폰 점유율 2위', <한겨레>, 2018. 8. 1.

북큐레이션 • 4차 산업혁명 시대를 대비하는 이들을 위한 라온북의 책

기존의 공식이 통하지 않는 급변의 시대, 남보다 한 발 앞서 미래를 준비하는 사람이 주인공이 됩니다.

디지털 노마드

권광현,박영훈 지음 | 15,000원

사무실과 직장 없이도 원하는 곳에서 원하는 만큼 일하며 디지털 노마드족으로 사는 법!

'디지털 노마드(Digital Nomad)'란 인터넷, 네트워크 기술의 발달로 탄생한 종족으로 태플릿 PC, 노트북 등의 IT 기기를 갖추고 전 세계를 여행하면서 일하는 사람들이다. 이들은 디지털 기기를 사용할 수 있는 곳이라면 어디서든 일할 수 있다.

월 수익 1,000만 원 이상을 버는 저자들은 '디지털 노마드'가 무엇인지와 어떻게 디지털 노마드로 살 수 있는지 방법을 이 책에 담았다. 어떤 플랫폼을 활용하여, 어떻게 시작하고, 온라인 세계에 돈을 벌 수 있는 판을 깔고, 자동으로 수익을 일으킬 수 있는지 구체적인 매뉴얼까지 알려주어 그대로 따라하면 성과를 낼 수 있다.

SNS 마케팅 시리즈

임헌수, 최재혁 지음 | 각 권 16,000원

카카오스토리, 인스타그램, 네이버, 구글, 유튜브 지금 가장 뜨거운 눈 채널 마케팅의 모든 것!

온라인 마케팅은 날로 발전하는 기술의 변화와 시시각각 변화하는 소비자들의 입맛을 잡기 위해 더욱 치열하게 전개될 것이다. 이 경쟁 속에서 살아남기 위해서는 나의 일방적인 메시지를 전달하는 것이 아니라, 디지털 시대에 걸 맞는 채널로 재가공하여 발신해야 한다. 이야기를 듣고 싶어 할까? 이 시리즈는 모든 온라인 마케터와 사장들의 질문에 답한다. 전문가가 다년간 축적한 온라인 마케팅 핵심 개념을 초보자의 눈높이에 맞게 설명하고 있으며, 특히 홍보에만 주력할 수 없는 대다수 기업의 현실을 적극 반영하여 최대한 간편하고 쉽게 따라 할 수 있는 방법을 함께 소개하고 있어 매우 실용적이다.